Lw

André Bónya

Ziel Leningrad

Die 4. SS-Polizei-Division 1941 am Feind

Landwehr

Titelseite: Gemälde von Jean Restayn

Bibliographische Information der Deutschen Bibliothek
Die Deutsche Bibliothek verzeichnet diese Publikation in der Deutschen Nationalbibliographie; detaillierte bibliographische Daten sind im Internet unter http://dnb.ddb.de abrufbar.

ISBN 10: 3-932381-97-1
ISBN 13: 978-3-932381-97-3

Landwehr-Verlag
Postfach 52, D-24236 Selent

Gedruckt in Österreich

Ziel Leningrad

Am Morgen des 22. Juni 1941, um 3.15 Uhr, begann der deutsche Angriff auf Rußland. Das Unternehmen „Barbarossa", der Feldzug gegen die Sowjetunion, hatte seinen Anfang genommen. Auf einer Frontlänge von mehr als 1.600 Kilometern traten die deutschen Verbände mit einer Stärke von über 3,25 Millionen Mann, etwa 3.500 Panzern und über 2.700 Flugzeugen aller Art an. Vier sowjetische Heeresgruppen mit zusammen über 300 Divisionen und mehr als zehntausend Panzern standen den Angreifern gegenüber.

Die Aufteilung der sowjetischen Armeen stellte sich folgendermaßen dar:

Die Nordfront unter dem Oberbefehl von Generalleutnant Popow, die Nordwestfront unter Generaloberst Kusnezow, die Westfront unter Armeegeneral Pawlow, sowie die Südwestfront unter Generaloberst Kirponos.

Die deutschen Armeen waren dagegen in drei Heeresgruppen (HGr.) unterteilt. Den rechten Flügel bildete die Heeresgruppe Süd unter Generalfeldmarschall Gerd v. Rundstedt. Die Heeresgruppe Mitte unterstand dem Befehl von Generalfeldmarschall Fedor v. Bock, und den linken Flügel schließlich stellte die Heeresgruppe Nord unter Generalfeldmarschall Wilhelm Ritter v. Leeb.

Die von Ostpreußen aus angreifende Heeresgruppe Nord, deren weiteres Ziel auch die Millionenstadt Leningrad war, unterteilte sich ihrerseits in mehrere Großverbände. Die Mitte bildete dabei die Panzergruppe 4, deren Befehlshaber Generaloberst Erich Hoepner war. Am rechten Flügel der Heeresgruppe Nord, der gleichzeitig auch die Grenze zur Heeresgruppe Mitte darstellte, stand die 16. Armee unter Generaloberst Ernst Busch. Den linken Flügel bildete die 18. Armee unter Generaloberst Georg v. Küchler. Aus der Luft unterstützt wurde die Heeresgruppe Nord von der Luftflotte 1, deren Kommandeur Generaloberst Alfred Keller war.

Eine der Aufgaben der Heeresgruppe Nord sollte sein, die in den von der Sowjetunion nach Ende des deutschen Polenfeldzuges besetzten baltischen Ländern stehenden Truppen der Roten Armee zu vernichten. Daran anschließend war geplant, die Städte Leningrad und Kronstadt einzunehmen. Die Einnahme Leningrads sollte ursprünglich etwa zeitgleich mit der Einnahme Moskaus vonstatten gehen.

Die Inbesitznahme Leningrads und Kronstadts waren kriegswichtige Ziele, denn hier waren die Hauptstützpunkte für die sowjetische Ostseeflotte. Ein Wegfallen dieser Stützpunkte hätte eine erhebliche Entlastung der deutschen Kriegsmarine zur Folge gehabt. Von einer nicht unerheblichen Bedeutung war allerdings auch die umfangreich vorhandene Rüstungsindustrie in diesem Raum. Hier hätte man die Rote Armee an empfindlicher Stelle treffen können.

Außerdem war das Ausschalten Leningrads als Aufmarschgebiet für eine sowjetische Gegenoffensive von großer Bedeutung. Hätte doch von hier aus die linke Flanke und der Rücken der auf Moskau vorgehenden Heeresgruppe Mitte verheerend getroffen werden können.

Des weiteren wäre der Fall Leningrads gleichbedeutend mit einer Landverbindung zur finnischen Front gewesen.

Erreicht wurde von den genannten Zielen lediglich eines:

Leningrad wurde durch die jahrelange Belagerung als Aufmarschgebiet ausgeschaltet!

Als im September 1941 die Stadt schon zum Greifen nahe vor den anrückenden deutschen Verbänden lag und die ersten deutschen Truppen bereits in den weitläufigen Vororten Leningrads kämpften, befahl Hitler das Einstellen der Angriffe. Die für ein erfolgreiches und schlagkräftiges Vorgehen unverzichtbaren Panzerverbände Hoepners wurden abgezogen und zum weiteren Angriff auf Moskau der Heeresgruppe Mitte zugeführt.

Im folgenden sollen die Einsätze der 4. SS-Polizei-Division geschildert werden, die im Verband der Heeresgruppe Nord am Vorstoß auf Leningrad beteiligt war.

Kurz nach Ende des Polenfeldzuges, Anfang Oktober 1939, kam es zu einem Treffen von Hauptmann Osterhaus, Standartenführer Krüger und Sturmbannführer Ehrlich im Hauptamt der Ordnungspolizei Berlins bei General Kurt Daluege, dem damaligen Chef der Ordnungspolizei. Zugegen bei diesem ersten Zusammentreffen waren außerdem General der Polizei Karl von Pfeffer-Wildenbruch, der erste Divisionskommandeur, Oberstleutnant Winkelmann sowie Oberst Hitzler.

Grund dieses Rendezvous war die geplante Aufstellung einer Polizei-Division. Deren Führer, Unterführer und Mannschaften sowie Sanitäts- und Veterinär-Offiziere sollten aus der Polizei herausgezogen, die Verwaltungsführer und das Sanitätspersonal jedoch aus der Waffen-SS zugeführt werden.

Die Aufstellung einer derartigen Division sollte den jungen Jahrgängen der Polizeibeamten eine Frontbewährung ermöglichen, ohne von der Wehrmacht voll erfaßt und eingezogen zu werden. Obwohl die neu aufzustellende Polizei-Division schon sehr bald auf Befehl des Reichsführers-SS Heinrich Himmler den Namen SS-Polizei-Division trug, waren die in dieser Division dienstleistenden Polizeibeamten in der überwiegenden Mehrheit keine Angehörigen der Waffen-SS und behielten nach wie vor ihre vollen Beamtenrechte. So blieben zunächst auch die Dienstgradbezeichnungen in der Form erhalten, wie sie in der Wehrmacht üblich waren. Auch die Uniform war die des Heeres – lediglich mit Polizeispiegeln am Kragen und dem Hoheitsabzeichen der Schutzpolizei an der Kopfbedeckung. Zu diesem Zeitpunkt wies nur das Tragen des Hoheitsabzeichens auf dem linken Oberarm anstatt auf der rechten Brustseite darauf hin, daß die Division der Waffen-SS und nicht dem Heer zugerechnet wurde, ihr zugehörig war sie zu diesem Zeitpunkt jedoch noch nicht. Die Angehörigen der Division selbst kamen bei der Einberufung aus allen Gauen des Landes.

Was ihre Ausrüstung anbelangte, so läßt sich sagen, daß diese zu einem Großteil aus Beutegut, zumeist tschechischer Bauart, bestand. Das Ausstatten mit Beutematerial war eine damals durchaus übliche Maßnahme, um den herrschenden Mangel an Ausrüstung eigener Fabrikation auszugleichen.

Ihre Feuertaufe erhielt die Ende 1939 aufgestellte Division in Frankreich, wo deren zweites Regiment zusammen mit dem Pionierbataillon am 9. Juni 1940 nach erbittertem Kampf den Übergang über den Ardennenkanal erzwang. Danach folgten bis zur Einstellung der Feindseligkeiten noch eine Reihe weiterer Kampfhandlungen, an denen die Division beteiligt war.

Im August 1940 wurde die Division dann in den Raum Groß-Paris als Besatzungstruppe verlegt, wo sie bis Anfang Juni 1941 auch bleiben sollte. In dieser Zeit wurde die Ausbildung systematisch vorangetrieben, während die Division an sich „verjüngt" wurde. Ältere Offiziere und Mannschaften wurden abgelöst und durch jüngere Jahrgänge ersetzt, eine Maßnahme, die den Kampfwert der Truppe erheblich verbesserte. Sie sollte in dieser Zeit zu einer Sturmdivision ausgebildet werden. Der Wert der Division sollte sich in den harten Monaten nach Beginn des Rußlandfeldzuges immer wieder aufs neue beweisen.

Während die ersten Tage des Rußlandfeldzuges bereits der Vergangenheit angehörten und ein großer Teil der deutschen Soldaten längst einen Vorgeschmack auf das bekommen hatte, was ihnen die nächsten Jahre bringen würden, befand sich die 4. SS-Polizei-Division noch auf dem Marsch an die neue Front im Osten.

Als am 26. Juni die Stadt Dünaburg von deutschen Truppen erobert wurde, passierten die Transportzüge der Division gerade den Raum Berlin.

Am 28. Juni erreichten die ersten Teile der Division Eydkau, wo sie entladen wurden. Von hier aus marschierten die Grenadiere des 2. Schützenregimentes in Richtung Grenze ab, die sie noch am Nachmittag desselben Tages überschritten. Vor den Soldaten lag nun die von der Hitze des Frühsommers ausgedörrte Landschaft Litauens. Ihnen standen auch lange Tage kräfteraubender Märsche bevor. Es galt jetzt, die bereits erheblich in den sowjetischen Einflußbereich eingedrungenen Angriffsdivisionen der Wehrmacht möglichst bald einzuholen.

Während die Division sich auf dem Marsch befand, hatten die Sowjets die südlich des Peipus-Sees verlaufende „Stalin-Linie“ weiter ausgebaut und verstärkt. Hier, entlang dieser Befestigungsanlage, standen starke russische Kräfte, deren Widerstand stündlich zunahm. Stalin beabsichtigte, den deutschen Vormarsch unter Einsatz aller Kräfte zum Stehen zu bringen, und deshalb wurden den vordringenden Truppen der Wehrmacht immer wieder neue, unverbrauchte Verbände entgegengeworfen. Da diese Soldaten teilweise nur schlecht ausgebildet und oft sogar nur mangelhaft ausgerüstet waren, wurden sie auf diese Weise ihrer Vernichtung preisgegeben. „Menschenmaterial“ hatte man in Rußland schon immer genug, und so kam es zunächst lediglich darauf an, dieses schnell genug an die Front zu werfen, um auf diese Weise einen Ausgleich zu mangelhaftem militärischen Denkvermögen und miserabler Befehlsgebung zu schaffen. Dieses ständige Auffüllen zerschlagener Verbände in möglichst kurzer Zeit sowie das Heranführen noch unverbrauchter Truppen ließ den deutschen Vormarsch immer wieder – wenn auch oft nur für relativ kurze Zeit – ins Stocken geraten.

Bereits zu diesem Zeitpunkt ließ sich vorhersagen, daß eine schnelle Einnahme Leningrads wohl ausgeschlossen war. Von den sich entlang der „Stalin-Linie“ entwickelnden Kämpfe war die Division zunächst jedoch noch nicht betroffen. Marschieren und wieder marschieren – genau das war es, was die ersten Tage des Rußlandfeldzuges für die Soldaten bereithielt.

„Mensch, Kalle, ich weiß ja nicht, wie es dir geht, aber ich für meinen Teil bin fix und fertig! Noch ‘nen weiteren Kilometer und ich kippe ganz einfach aus den Latschen.“ Reitinger verlagerte das MG 34 von der linken auf die rechte Schulter. Eigentlich war es bei dem Gewicht dieser Waffe vollkommen egal, auf welcher Schulter er sie ruhen ließ. Taub waren beide Seiten ohnehin schon seit vielen Stunden. Er hatte, so wie die anderen MG-Schützen im Bataillon auch, das Maschinengewehr (MG) 34 erst vor knapp einem Monat in Empfang genommen. Vorher waren sie mit dem tschechischen ZB 30 ausgerüstet gewesen, einer Waffe, die sich nicht nur bei ihm großer Beliebtheit erfreut hatte. Das MG 34 hingegen war ihm noch immer ein wenig fremd. Obwohl er sich mit dieser Waffe vertraut gemacht hatte – so gut, daß er blind und zu jeder Zeit gewußt hätte, wie er sie zerlegen und selbst im Dunkeln handhaben müßte – war er sich dennoch keinesfalls sicher, wie sich seine neue Waffe im Einsatz bewähren würde.

Stöhnend versuchte er abermals, das immer drückender werdende Gewicht seiner Waffe ein wenig besser auszubalancieren. Doch es blieb wie all die Stunden vorher auch lediglich bei einem mißglückten Versuch. Selbst die unzähligen Gedanken an Hanne, seine Freundin, die ihn anfangs noch weitgehend von der bedrückenden Eintönigkeit und dem monotonen Trott des Marschierens abgelenkt hatten, wurden jetzt mehr und mehr von dem unangenehmen Gewicht seiner Waffe in den Hintergrund gedrängt.

Kalle, in Wirklichkeit Karl Scholz, sein Schütze Zwo, blickte ihn von der Seite her beinahe mitleidig an. „Hey, Kumpel, eigentlich müßtest du doch gar nichts zu meckern haben“, stichelte er und grinste breit. „Lieber die Spritze immer wieder von einer Seite auf die andere wuchten als schwere Muni-Kästen durch die Gegend schleppen. Wenn das hier so weitergeht, dann schleifen meine Arme bald auf dem Boden.“

Als Antwort darauf bekam Scholz lediglich einen unflätigen Fluch seines Freundes zu hören.

Reitinger spuckte den knirschenden Staub, der sich zwischen seinen Zähnen angesammelt hatte, neben sich auf die Rollbahn und wunderte sich darüber, woher er überhaupt noch den Speichel dazu nahm. Er hätte jetzt weiß Gott was für einen satten Schluck Wasser gegeben, aber in seiner Feldflasche war bereits seit mehr als einer Stunde kein einziger Tropfen mehr vorhanden. Und von einem wolkenlosen Nachmittagshimmel brannte die Sonne ohne jegliches Erbarmen auf die Marschierenden herab. Die Stimmung der Männer sank mit jedem Kilometer mehr, den sie unter ihren staubigen Stiefeln zertraten. Nichts als Hitze, Staub und dazwischen ab und an plötzlich einsetzende Gewittergüsse, die den Staub der Straße im Handumdrehen in schlammigen Morast verwandelten. Und in einem fort nur den kämpfenden Kameraden hinterher. So ging es jetzt schon seit vielen Tagen, und ein Ende war bei weitem nicht abzusehen.

Immer wieder kamen den Soldaten beinahe endlos erscheinende Kolonnen von leeren Versorgungsfahrzeugen entgegen, welche die unersättliche Gier der Front nach neuen Gütern aller Art sättigten. Aber auch Sanitätskraftwagen, gekennzeichnet durch das große rote Kreuz auf weißem Grund, mischten sich, je näher sie der Front kamen, in zunehmendem Maße unter die Fahrzeugkolonnen. Die Feldlazarette im deutschen Hinterland füllten sich täglich aufs neue mit deren elenden Fracht. Und dennoch! Nicht wenige unter den nach vorne marschierenden Soldaten wünschten sich endlich an der Front zu stehen...

Endlich an die Front!

Allein um diese elende Marschiererei so schnell als möglich hinter sich zu haben. Aber natürlich auch deshalb, um den anderen längst bewährten Einheiten der Wehrmacht zu zeigen, daß ihre Division durchaus mit ihnen mithalten konnte. Nicht wenige der jungen Soldaten wollten wenigstens noch ein kleines Stück vom Ruhmeskuchen für sich erheischen, bevor auch dieser Feldzug sich seinem siegreichen Ende näherte. Wer unter den jungen, hoffnungsfrohen Männern konnte zu diesem Zeitpunkt schon ahnen, daß sich nur wenige Monate später ein großer Teil von ihnen bereits unter der jetzt noch so staubigen russischen Erde in einem eisig kalten Grab wiederfinden würde.

„Rechts ran!" Brüllend pflanzte sich der Ruf durch die Reihen der Marschkolonnen von hinten nach vorne fort. Noch bevor die vierte Gruppe, zu der auch Reitinger und Scholz gehörten, richtig an den Straßenrand herangetreten war, ertönte das laute Dröhnen schwerer Motoren. Eine ungeheure Staubwolke aufwirbelnd, zog eine lange Reihe von Nachschub-Lkws an den Wartenden vorbei. Die ohnehin schon vom Staub der letzten Tage überzogenen Soldaten wurden dadurch zusätzlich regelrecht eingenebelt.

„Verdammte Kutscherknechte!", brüllte einer hinter ihnen und schwang drohend die Faust, während die meisten anderen darum bemüht waren, so wenig Staub wie möglich zu schlucken. Von überall her wurden den vorbeiziehenden Lkws die unflätigsten Verwünschungen nachgerufen.

„Maul halten und auf der Straße antreten!" Unteroffizier Lechner, der die vierte Gruppe führte, hatte kein Verständnis für das unflätige Geschimpfe seiner Leute.

„Seid froh, daß es die Jungs vom Nachschub gibt! Was glaubt ihr wohl, wo ihr sonst euer Fressen und alles übrige herbekommen würdet? Also los, Männer. Gerät aufnehmen und auf der Straße antreten. Wir haben schließlich nicht den ganzen Tag Zeit!"

Noch bevor sich der durch die Lkws aufgewirbelte Staub richtig gelegt hatte, traten die Soldaten wieder in Marschordnung an. Weiter ging es, nach Rußland hinein. Die Tage des Vormarsches reihten sich bereits zu Wochen, und noch immer war kein Ende der Gewaltmärsche in Richtung Front abzusehen. Vorbei an den Schlachtfeldern der Kameraden, die natürlich längst weitergezogen waren. Vorbei an frisch aufgeworfenen Soldatengräbern, in denen jene lagen, welche die harten Kämpfe nicht überlebt hatten. Und je weiter sie vorankamen, desto öfter fanden sich solche stummen Zeugen des Krieges am Straßenrand...

Die Sowjets leisteten von Tag zu Tag heftigeren Widerstand. Man konnte es deutlich sowohl an den immer häufiger im Gelände umherstehenden russischen als auch deutschen Panzerwracks erkennen. Ausgebrannte Lkws, zerbombte Geschütze, selbst Flugzeugwracks und Material aller Art säumten immer öfter die Rückzugsstraßen der Russen.

Auf dem Weg nach Norden marschierte die Division entlang der „Stalin-Linie" über Dubrowo, Kuluschino und Gorowatka in Richtung Opotschka und Ostrow. Noch immer waren die Marschwege stark vermint, da den schnell vorrückenden Angriffsverbänden die Zeit nicht dazu reichte, die massenweise verlegten Minen gründlich zu beseitigen.

Überall waren Pioniere im Einsatz, die den gefährlichen Hinterlassenschaften der Roten Armee zu Leibe rückten. An vielen Stellen entlang der Vormarschstraßen warnten Schilder die Soldaten, die Wege nicht zu verlassen.

Der Tod lauerte überall!

Am 25. Juli wurde dann die Marschrichtung der Division geändert!

Es ging jetzt ostwärts am Peipuss-See vorbei in Richtung Leningrad. Am 27. Juli wurde die Division der Panzergruppe 4 unterstellt und sollte im Verband des LVI. Panzerkorps v. Manstein beim Sturm auf Luga erstmals in Rußland zum Einsatz kommen. Am 31. Juli erreichte die Division ihre vorläufige Ausgangsstellung für den Angriff auf Luga. Noch etwa zehn Kilometer trennten die Angriffstruppen von der Stadt. Allerdings war von Luga – selbst auf diese verhältnismäßig kurze Entfernung – noch immer nichts zu sehen. Der sich vor den Regimentern ausbreitende urwaldähnliche Wald gewährte keinerlei Überblick. Wohl deuteten die Karten darauf hin, daß sich in dem vor den Truppen liegenden Gebiet auch Dörfer und kleine Ansiedlungen befinden mußten, erkennen konnte man davon jedoch nichts. Auch über die Feindlage war nur sehr wenig bekannt. Die bis jetzt eingebrachten Gefangenen konnten zur Aufhellung der Feindlage ebenfalls nichts Brauchbares beitragen. Lediglich sehr vage Angaben über den Stellungsverlauf waren vorhanden, die sich jedoch bei genauerem Hinsehen als völlig nutzlos erwiesen. Ohne genaue Kenntnis über den Verlauf der feindlichen Linien aber verbot sich ein Vorgehen in diesem vollkommen unübersichtlichen Gelände von selbst, dies um so mehr, da sich der Russe in den zurückliegenden Monaten als ein wahrer Meister der Tarnung und des Waldkampfes erwiesen hatte.

Das Nichtvorhandensein genauerer Kenntnisse bedeutete zunächst einmal, mittels Spähtrupp-Unternehmungen mehr über den Verlauf der feindlichen Stellungen herauszufinden. Trügerisch dabei war, daß der vor der Division liegende Urwald sich dem Betrachter beinahe friedlich darstellte. In den wenigen Phasen der Ruhe beherrschten allenthalben die verschiedensten Vogelarten mit ihrem Gesang die Wipfel der Bäume, und der sporadisch wehende Wind ließ die Blätter der Bäume rauschen. Nicht wenige der Soldaten fühlten sich somit mehr an eine Übung auf einem der Truppenübungsplätze in der Heimat als an die brutale Realität des Krieges fernab der Heimat erinnert.

Tatsächlich war das einzige, was die Soldaten die unmittelbare Nähe der Front spüren ließ, die beinahe stündlich erfolgenden Feuerüberfälle schwerer russischer Artillerie und die immer wieder am Himmel auftauchenden roten Schlachtflieger. Ebenfalls ein Phänomen des schier unerschöpflichen Nachschubflusses der Roten Armee!

Obwohl die deutschen Jagd- und Bombergeschwader bis zu diesem Zeitpunkt bereits Tausende von Flugzeugen vom Himmel geholt oder am Boden zerstört hatten, war mit der sowjetischen Luftwaffe noch immer zu rechnen!

„Menschenskinder, ich glaub´ einfach nicht, was ich da sehe!" Schütze Klamm, der zusammen mit drei weiteren Kameraden auf einem umgestürzten Baumstamm saß, stocherte lustlos in seinem Eßgeschirr herum. „Der Küchenbulle hat wohl die gesamte Fleischzuteilung an den Meistbietenden verschachert. Nicht ein einziger kleiner Brocken in dieser dünnen, faden Brühe!" Er stellte das Eßgeschirr mißmutig vor seine Füße auf den Boden und angelte umständlich nach einer Zigarette. Nachdem er einen ersten tiefen Zug genommen hatte, beugte er sich zu seinem Freund hinab. Der Schütze Plesse, ein meist wortkarger, jedoch sehr zuverlässiger Mensch, löffelte andächtig seine Ration in sich hinein.

„Dir schmeckt doch auch alles!", kommentierte Klamm zwischen zwei tiefen Zügen an seinem Glimmstengel die Anspruchlosigkeit seines Kameraden. „Da, kannst meins gerne auch noch haben!" Klamm schob sein Eßgeschirr mit einer lässigen Bewegung seines Fußes zu Plesse hinüber. Plesse blickte nur kurz zur Seite, ohne in seiner Beschäftigung innezuhalten, und nickte kurz.

„Mensch, Kerl, brich´ dir nur ja keinen Zacken aus der Krone, und sag mal versehentlich ein Wort zuviel." Mehrere Züge lang schwieg Klamm und beobachtete dabei seinen Freund aufmerksam, wie dieser jetzt auch noch seine Portion seelenruhig in sich hineinzuschaufeln begann.

„Ich möchte bloß mal wissen, weshalb ich ausgerechnet an dir einen solchen Narren gefressen habe." Er schüttelte den Kopf, ließ seine Kippe zu Boden fallen und trat sie mit der Stiefelspitze aus. Natürlich wußte er, warum er Plesse seinen Freund nannte! Er hatte diesem wortkargen Menschen schlicht und einfach bei einem verdammt haarigen Unternehmen während des Frankreichfeldzuges sein Leben zu verdanken. Seither ließ er auf den in sich gekehrten Westfalen nicht ein schlechtes Wort kommen. Außerdem konnte er selbst, wenn es darauf ankam, für zwei reden. Er war ein sehr gesprächiger Mensch, das bewies er zu jeder sich ihm bietenden Gelegenheit immer wieder aufs neue.

„Los, Jungens, fertig werden! Es steht was an für uns." Unteroffizier Lechner war über den schmalen Trampelpfad, der zum Kompaniegefechtsstand führte, herangekommen und hatte sich vor den Männern seiner Gruppe aufgebaut. Mit in die Hüften gestemmten Armen betrachtete der Gruppenführer seine Leute. Es mißfiel ihm sichtlich, einen Teil der Gruppe hier dichtgedrängt auf einem Haufen anzutreffen. Wie oft hatte er ihnen schon eingebläut, daß in so einem Fall bereits eine einzige Granate genügen würde, um... Aber darum würde er sich später noch kümmern. Lechner schluckte seinen Ärger für den Moment hinunter.

„Ich brauche noch zwei von euch für einen Spähtrupp! Zwei habe ich schon. Hopp, hopp, Freiwillige vor. Na, also dann, Plesse und Klamm, meine beiden siamesischen Zwillinge", entschied er übergangslos, was bei Klamm spontan einen Laut des Mißfallens auslöste. Wie immer hatte Lechner eine Meldung gar nicht erst abgewartet, sondern sich seine Leute selbst gewählt. Da er Plesse und Klamm schon im Westfeldzug in seiner Gruppe hatte, wußte er, daß er sich auf die beiden bedingungslos verlassen konnte. Zwar mußte Klamm erfahrungsgemäß zu jedem Befehl seinen Senf dazugeben, ein Umstand, der ihn bei den Beförderungen natürlich immer wieder ganz hinten anstehen ließ, letztlich aber war er ein durchaus zuverlässiger und guter Soldat. Aber Klamm legte sowieso keinen großen Wert auf die „militärische Rangordnung", wie er sich auszudrücken pflegte. Bei Plesse war es ziemlich ähnlich. Beide waren sie dafür bekannt, daß ihnen derlei Dinge vollkommen gleich waren, und dennoch – oder gerade deswegen – waren sie brauchbare Soldaten. Ein guter Soldat zu sein mußte ja nicht zwangsläufig mit dem inneren Drang einhergehen, unbedingt nach „oben" kommen zu wollen.

Zehn Minuten später standen Unteroffizier Lechner und vier weitere Männer neben dem behelfsmäßigen Unterstand ihres Zugführers Leutnant Brandel. „Also, Lechner, Sie wissen Bescheid!" Er klopfte mit dem Zeigefinger noch einmal auf die Karte. „Etwa einen Kilometer von hier entfernt muß in einer Senke ein Bachlauf entlangführen. Und irgendwo an diesem Bach soll eine alte Wassermühle stehen. Die liegt direkt im Angriffsstreifen unserer Kompanie. Zumindest sagt das diese Karte", stellte der Zugführer fest. „Der Chef will wissen, ob der Iwan bereits drin sitzt, und falls ja, ob wir trotzdem ohne nennenswerte Probleme über den Bach kommen. Laut Aussagen eines Überläufers befindet sich zumindest in der unmittelbaren Umgebung der Mühle ein Stützpunkt. Das Regiment will in den nächsten beiden Tagen unbedingt bessere Ausgangsstellungen erreichen. Hier haben wir ja nicht mal die geringste Möglichkeit, günstig gelegene B-Stellen für unsere Artillerie einzurichten. Wäre verdammt haarig, wenn wir ohne ausreichende Artillerieunterstützung angreifen müßten. Sehen Sie zu, daß Sie soviel wie möglich über den vor uns liegenden Iwan herausfinden, aber lassen Sie sich auf keine unnötigen Risiken ein. So, meine Herren, das wär´s erst mal. Also Lechner, Hals- und Beinbruch für Sie und Ihre Männer!" Brandel drückte seinem Gruppenführer die Hand, dann war der Unteroffizier entlassen.

Vor ungefähr zehn Minuten hatten die fünf Männer, zu denen auch der Obergefreite Reitinger und sein Schütze Zwo gehörten, die Vorposten ihrer Kompanie hinter sich gelassen. Sie schlichen sich durch den von dichtem Unterholz durchzogenen Wald, alle Augenblicke darauf gefaßt, auf den Gegner zu treffen. Vor allem waren sie vor den russischen Heckenschützen gewarnt worden. Oft genug waren in den letzten Tagen Verluste durch gut getarnte Baumschützen aufgetreten, die bei etwas mehr Vorsicht zumindest teilweise hätten vermieden werden können. Die rings um sie herrschende Stille war trügerisch, und genau diese Tatsache verleitete mitunter dazu, den Ernst der Lage, in der man sich befand, innerlich geringer einzustufen, als er war. Das wußte jeder der Männer.

Im Moment herrschte im gesamten Abschnitt diese beinahe friedlich wirkende Ruhe. Doch bereits wenige Minuten später konnte sie sich in ein Inferno detonierender Granaten und prasselnder Maschinengewehrgarben verwandeln. Im Augenblick jedoch wogte lediglich das immerwährende ferne Wummern der Artillerie mal lauter, mal leiser zu ihnen heran. Der Krieg kannte nun mal keine Pause, auch wenn es mitunter ganz den Anschein erweckte.

„Mensch, beinahe wie im tiefsten Frieden", flüsterte Klamm zu dem drei Schritte vor ihm laufenden Plesse. „Wenn nur diese scheißverdammten Mücken nicht so einen Aufstand machen würden." Klatschend schlug er sich mit der Linken gegen den Hals und wischte den Rest des Blutsaugers an seine Hose. „Ich hasse diese Viecher, die saugen mich noch mal..."

„Jetzt halt endlich dein Maul", zischte Plesse dem hinter ihm laufenden Kameraden zu. „Dein ewiges..." Schlagartig verstummte er, und auch Klamm schluckte seine ärgerliche Erwiderung hinunter. Unteroffizier Lechner, der seinen Männern wenige Meter voraus an der Spitze ging, hatte den linken Arm gehoben und war gleichzeitig in die Hocke gegangen. Direkt vor dem Gruppenführer fiel das bisher einigermaßen eben verlaufende Gelände merklich ab. Die Karte schien, zumindest was diesen Teil des Geländes betraf, recht zu behalten. Offenbar zog sich der Bachlauf, an dem die Mühle liegen sollte, tatsächlich durch eine Senke. Lechner blickte hinter sich und bedeutete Reitinger, mit dem MG zu ihm nach vorne zu kommen. Die beiden anderen sollten bleiben, wo sie waren.

„Hör zu, du bleibst mit dem MG hier und gibst mir Feuerschutz, falls sich beim Iwan was rührt. Ich werde mal ein paar Meter weiter nach vorne gehen und sehen, wie weit es noch bis zum Bach ist.“ Dann schob er sich auf dem Bauch weiter vor, um so einen besseren Blick auf das, was sich am Grund der Senke befinden mochte, zu bekommen. Dabei behinderten ihn die an dieser Stelle besonders dicht wachsenden Preiselbeersträucher. Zudem zerkratzten ihm stachelige Brombeerranken, die hier knapp über dem Boden wuchsen, Gesicht und Hände. Doch sich etwas weiter aufrichten wollte er nicht. Er hatte sich bis jetzt schon gute fünfzig Meter von seinen Leuten entfernt. Niemand konnte wissen, ob sich dort vorne ein russischer Posten befand, der jede Unvorsichtigkeit Lechners sofort registrieren würde. Inzwischen hatte er sich auch noch aus dem Wirkungsbereich von Reitingers Waffe geschoben, denn der hatte ihn durch das weiter abfallende Gelände längst aus den Augen verloren.

Nun ging die Senke in eine Balka über. Vor Lechner fiel das Gelände etwa zehn Meter verhältnismäßig steil nach unten ab, um in einer Entfernung von vielleicht fünfzig Metern auf der anderen Seite, wenn auch sehr viel weniger steil, wieder anzusteigen. Zudem lag die gegenüberliegende Seite einige Meter tiefer als jene, auf der sie sich befanden, ein natürliches Hindernis also, das den Sowjets eigentlich gute Verteidigungsmöglichkeiten bot. Lechner verhielt sich jetzt noch vorsichtiger, denn er war davon überzeugt, daß der Iwan irgendwo dort drüben saß. Er jedenfalls würde so handeln.

Vom Grund der Schlucht drang leise das Plätschern des Baches zu ihm herauf. Doch der Unteroffizier hatte für die zweifellos vorhandene Schönheit der Natur in Anbetracht der herrschenden Situation keinen Blick. Der Bach unter ihm war weniger als zwei Meter breit und wahrscheinlich kaum mehr als knietief. Der Wasserlauf stellte somit zumindest für die Infanterie kein Hindernis dar. Oft genug war es bei anderen Einheiten schon vorgekommen, daß ein im Plan eingezeichneter Bach sich dummerweise als Fluß entpuppte oder dort, wo keinerlei Wasserläufe hätten sein dürfen, die ganze Gegend mit kleineren und größeren Bächen durchzogen und der Boden vom Wasser derart gesättigt war, daß er beinahe einer Sumpflandschaft gleichkam. Das Kartenmaterial, das sie über Rußland erhalten hatten, war weit entfernt von dem, was man als vollständig und genau bezeichnen konnte, ein Problem, welches in den Stäben längst hinreichend bekannt war. Zwar wurde mit Hochdruck an der Erstellung neuen Kartenmaterials gearbeitet, das anhand neuer russischer Beutekarten angefertigt wurde, aber zwischen dessen Fertigstellung und der Auslieferung an die Truppe lag ein weiter Weg.

Lechner schob die Gedanken zur Seite. Er benötigte jetzt alle seine Sinne, um das vor ihm liegende Gelände gründlich mit den Augen abzutasten. Er schätzte die Sohle der Balka etwa auf zwanzig Meter Breite, bevor sie wieder anzusteigen begann. Auf der gegenüberliegenden Seite konnte er trotz intensiver Bemühungen nichts Außergewöhnliches erkennen. Jedenfalls nichts, was in irgendeiner Form auf die Anwesenheit des Feindes hingedeutet hätte. Von der Mühle, die sie erkunden sollten, war ebensowenig zu sehen. Was nun? Sollte er seine Leute nachholen und auf der anderen Seite der Schlucht nach dem Rechten sehen? Lechner war erfahren genug, um zu wissen, daß dies ein unkalkulierbares Risiko darstellte. Wenn auf der anderen Seite der Schlucht ein getarnter Posten der Russen lag, würden sie diesem unweigerlich auffallen. Was sollte er tun? Er hatte bis jetzt nicht in Erfahrung bringen können, wo der Feind stand. Die Kompanie brauchte aber ein verwertbares Ergebnis. Noch während er die Für und Wider zur Erlangung eines brauchbaren Ergebnisses durchging, kam ihm der pure Zufall zu Hilfe.

Ein blechernes Geräusch schreckte Lechner aus seinen Gedanken. Er hielt die Luft an und starrte in die Richtung, aus der dieses Geräusch gekommen war. Tatsächlich! Auf der anderen Seite der Schlucht erkannte er, zwischen einigen Büschen auftauchend, eine Gruppe Rotarmisten, die sich offensichtlich mit den Essenskanistern für ihre Kameraden abmühten. Der Unteroffizier zählte vier Soldaten, die auf eine mannshohe, vielleicht achtzig Meter entfernte

Buschreihe zuhielten. Einer nach dem anderen verschwand hinter der Buschreihe, ohne auf der anderen Seite wieder zum Vorschein zu kommen.

Zwei, drei Minuten vergingen.

Nichts rührte sich mehr bei den Sowjets. Der Gegner war wie vom Erdboden verschwunden. Für Lechner gab es dafür nur eine logische Erklärung. Irgendwo dort auf der anderen Seite mußte ein bestens getarntes Stellungssystem vorhanden sein. Auch wenn man den Russen nicht sah, er war da! Die Überlegung, jetzt noch weiter über den Bachlauf hinaus vorzudringen, war somit erledigt. Der Unteroffizier konnte sicher sein, daß der Gegner Posten aufgestellt hatte, die ihn unweigerlich gesehen hätten, wäre er noch weiter vorgedrungen. Lechner entschloß sich daher, zu den eigenen Stellungen zurückzukehren.

Die Beobachtungen des Unteroffiziers zusammen mit denen einer ganzen Reihe weiterer Spähtruppunternehmungen im Bataillonsbereich ergaben, daß die Sowjets entlang des Bachlaufes eine Widerstandslinie aufgebaut hatten. Allerdings waren die Soldaten nirgends so nahe herangekommen, um deren genauen Verlauf und Stärke erkennen zu können. Einzig über die bereits erwähnte Wassermühle gab es hinreichend Informationen. Sie lag im Bereich der Nachbarkompanie und war durch Kampfstände aus Holz, hinter denen auch schwere Waffen vermutet wurden, zu einem Stützpunkt ausgebaut worden. Auch in den nächsten beiden Tagen wurden weitere Spähtrupps ausgeschickt, denen die Aufgabe oblag, die Stärke der festgestellten gegnerischen Stellungen zu erkunden. Das Bild, das sich so nach und nach zusammenfügte, trug allerdings nicht im geringsten dazu bei, die Stimmung der Offiziere zu heben. Die Sowjets hatten, wie bereits vermutet, den gesamten Bachlauf zu einer befestigten Widerstandslinie ausgebaut. Wie sich deren tatsächliche Stärke darstellte, ließ sich aber auch weiterhin nicht oder nur sehr unzulänglich in Erfahrung bringen. Die einzelnen Spähtrupps kamen einfach nicht nahe genug an die Linien des Gegners heran, um detailliertere Ergebnisse zu erzielen. Dennoch – und da half nichts – mußte die Division vor dem eigentlichen Angriff auf Luga eine bessere Ausgangsstellung gewinnen.

So wurde für das Regiment am 3. August eine gewaltsame Aufklärung angesetzt. Hierbei mußte zunächst einmal die Stärke des Gegners herausgefunden werden. In weiterer Folge sollte dann eine Linie beiderseits der Wassermühle erreicht werden. Nach Erreichen der Linie und dem anschließenden Durchbruch des gegnerischen Stellungssystems war geplant, weiter in Richtung Smerdi vorzustoßen.

Unteroffizier Lechner blickte noch einmal die Reihe seiner Soldaten entlang. 2.30 Uhr. Die Kompanie rückte in ihre Ausgangsstellung vor. Begleitet vom fernen Donnern des niemals ruhenden Krieges zog am östlichen Horizont der erste Silberstreif des neuen Tages herauf. Schweigend stapften die Männer über den vom aufsteigenden Nebel naß gewordenen Waldboden. Obwohl der August gerade begonnen hatte, war es um diese Uhrzeit bereits empfindlich kalt. Vereinzelt auftretendes Klappern von Ausrüstungsgegenständen wurde von den Unterführern mit entsprechenden Worten abgestellt.

Der Angriffsbeginn war auf 4.00 Uhr festgelegt.

Lechner warf zum wiederholten Male einen nervösen Blick auf seine Uhr. Noch zwölf Minuten. Gleich mußte der vorbereitende Feuerschlag der Artillerie beginnen. Die Sonne war inzwischen über dem Wald aufgegangen und hatte längst den größten Teil des Nebels aufgesogen. Es sah wieder einmal ganz nach einem elend heißen Tag aus.

3.50 Uhr!

Ein vielfacher Donnerschlag zerriß plötzlich die friedliche Stille des frühen Morgens. Bei der Nachbarkompanie, in deren Angriffsstreifen die Wassermühle lag, ploppten die schweren Granatwerfer, derer man sich zur Angriffsvorbereitung bediente. Mehrere Batterien leichter Feldhaubitzen (LFH) unterstützten den Feuerschlag. Rauschend senkten sich die Geschosse auf die Stellungen des Gegners und detonierten mit dumpfem Donnern. Schrapnellgeschosse der Haubitzen zerplatzten über oder zwischen den Baumwipfeln mit hellem Knall. Auf diese Art wollte man den dort vermuteten Baumschützen beikommen. Der zweiten Kompanie war ein vorgeschobener Beobachter (VB) der Regimentsartillerie beigegeben worden, der das Feuer mehrerer Batterien bei Bedarf anfordern und auf die sich zeigenden Widerstandsnester lenken konnte.

Die Männer um Unteroffizier Lechner lauschten gespannt den Abschüssen und Detonationen im Nachbarabschnitt und versuchten jetzt, die aufkeimende Nervosität, die einem Angriff immer vorausging, in den Griff zu bekommen. Eine Feuervorbereitung, so wie bei der Nachbarkompanie, gab es in ihrem Abschnitt nicht, da im Angriffsstreifen der Zwoten noch keine einwandfrei identifizierten Ziele ausgemacht waren. Nicht wenige unter den Grenadieren hätten sich dennoch eine Feuervorbereitung gewünscht, und wenn auch nur der moralischen Wirkung wegen. Das Gefühl, auf ein von der eigenen Artillerie beschossenes Ziel zuzugehen, war doch um einiges beruhigender als das Wissen um die völlige Unversehrtheit der vor ihnen liegenden gegnerischen Stellungen.

4.00 Uhr!

Während die Granatwerfer und Feldhaubitzen noch immer ihre todbringende Last gegen die Stellungen an der Wassermühle schleuderten, erhoben sich die Grenadiere in ihren Ausgangsstellungen und traten an. „Auf, folgen!" Lechner hob die Hand und deutete mit ihr nach vorne in das Gewirr aus Bäumen und Unterholz. In Schützenreihe nach allen Seiten sichernd, folgte die Gruppe. Von jetzt an mußte man jederzeit darauf gefaßt sein, vor sich das Mündungsfeuer eines Maxim-MG aufblitzen zu sehen oder von irgendeinem der teilweise riesenhaften Bäume herunter beschossen zu werden. Die Kompanien und Bataillone der Division liefen ihrer Feuertaufe im Rußlandfeldzug entgegen. Überall im Angriffsstreifen des Regiments schoben sich die Kompanien tiefer in den verfilzten Wald hinein. Noch begnügte sich der Russe damit, als Antwort auf das Vorbereitungsfeuer der Deutschen mit seiner Artillerie wahllos den Wald vor ihnen abzustreuen.

„Verdammte Baumkrepierer!“ brüllte der Gefreite Zacher. Zischend und surrend waren die Splitter einer in der Baumkrone eingeschlagenen Granate nur wenige Meter vor der Gruppe in den Waldboden gefahren. Blätter und Astwerk rieselten zu Boden. Das war es, wovor die Soldaten am meisten Angst hatten: in den Baumkronen detonierende Sprenggranaten, deren Splitterwirkung so um ein Vielfaches erhöht wurde.

„Auf, Männer, vorwärts!“ Lechner erhob sich hinter dem Baum, an dem er in Deckung gegangen war. Rauschend senkte sich die nächste Lage herab und hieb donnernd in den Waldboden hinter ihnen. Das Feuer der Sowjets wurde jetzt merklich stärker. Die Gruppe drang weiter in den Wald ein. Noch hatte es trotz des weiter auflebenden Artilleriefeuers des Russen keine Verluste in der Kompanie gegeben. Allerdings waren seit Angriffsbeginn auch erst wenige Minuten vergangen. Dort, wo die Nachbarkompanie vorging, flackerte bereits erstes Schützenfeuer auf. Sie war auf die Vorposten des Mühlenstützpunktes gestoßen.

„Nicht zurückfallen!“ Lechner ließ es zum linken Flügel seiner Schützengruppe durchgeben. Vor ihnen begann sich der Boden bereits in Richtung Bachgrund zu senken. Und noch immer kein gegnerisches Infanteriefeuer. Während jetzt auch bei der rechten Nachbarkompanie Infanteriefeuer aufflackerte, war es vor ihnen gefährlich ruhig. Deutlich drang das langsame Tackern der russischen Maxim zu ihnen herüber und mischte sich mit hektischerem der deutschen MG 34, die jetzt antworteten. Dazwischen immer öfter das Kleckern von Karabinerschüssen und das dumpfe Wummern erster Handgranaten. Das konnte nur bedeuten, daß die Kameraden auf dem rechten Flügel bereits dicht vor den ersten russischen Stellungen lagen.

Ratsch-Bum! Vor Lechners Gruppe fuhr die Granate des russischen Allzweckgeschützes in den Boden und wirbelte eine Fontäne aus Dreck und Holzsplittern in die Luft. Ratsch-Bum! Ratsch-Bum! Zwei weitere Sprenggranaten donnerten vor den Soldaten in den Grund und überschütteten die Männer mit Erdbrocken. Auch links und rechts von Lechners Gruppe war von einem Augenblick auf den anderen der Teufel los. Überall blitzte, hämmerte und krepierte es. Augenblicklich war die Luft mit widerlich stinkenden Explosionsgasen und vom Brüllen der Explosionen erfüllt. Reihenweise gingen die Geschosse von leichten und mittleren Granatwerfer vor und zwischen den Soldaten nieder. Der Iwan schien nur darauf gewartet zu haben, daß die Deutschen nahe genug an seine Stellungen herangekommen waren. Maxim tackerten ununterbrochen und schickten die Feuerschnüre der Leuchtspurgeschosse den am Boden festgenagelten Angreifern entgegen. Dazwischen immer wieder die mit unglaublicher Rasanz heranjagenden Granaten der russischen 7,62 cm-Geschütze und die Lagen der Granatwerfer, deren Splitter dicht über dem Boden alles abrasierten, was sich in ihrem Wirkungsbereich befand. Schon nach wenigen Augenblicken wurden die ersten Rufe nach dem Sanitäter laut. Die Kompanie war, so wie die anderen Angriffsgruppen auch, auf ein stark befestigtes Stellungssystem aufgelaufen.

Donnernde Explosionen, schweres Infanteriefeuer und dazwischen die Schreie der Getroffenen. Innerhalb weniger Augenblicke herrschte ein unbeschreibliches Chaos.

„Eingraben!" schrie Lechner. Er konnte sich kaum über den Kampflärm hinweg verständlich machen. Schnell hatte er erfaßt, daß jede weitere Bewegung, egal ob nach vorne oder hinten, vollkommen unmöglich war. Die Kompanie war festgenagelt. Der Russe schoß auf jede noch so kleine Bewegung. Im Moment war nicht einmal daran zu denken, die nach Hilfe rufenden verwundeten Kameraden aus dem Schußfeld der Russen zu ziehen.

„Eine verfluchte Sauerei ist das!" fluchte Reitinger vor sich hin, während er versuchte, mit seinem MG eine einigermaßen geeignete Schußposition zu erreichen. Rings um ihn und seinen Schützen Zwo pflügten die Garben eines auf der anderen Seite des Bachlaufes in guter Deckung eingebauten Maxim den Boden um. Jedesmal, wenn er versuchte, seine Waffe in Schußposition zu bringen, blitzte es drüben auf und schlug rings um sie ein.

„Hier, Herbert", brüllte Scholz, der einige Schritte rechts neben Reitinger lag. „Von hier aus packen wir das Maxim!"

Reitinger drehte den Kopf in Richtung seines Schützen Zwo. Der hatte sich in einen flachen Trichter, den eine der ersten gegnerischen Granaten gerissen hatte, geschoben.

„Drei Meter", schätzte Reitinger. „Verdammter Mistkerl!" Wieder steppte eine Garbe heran und zog genau zwischen ihm und dem flachen Trichter hindurch. Der kalte Schweiß drang ihm aus allen Poren, und es kostete ihn große Mühe, seine vibrierenden Nerven nicht die Oberhand über seinen Körper gewinnen zu lassen. Die Kameraden in der Gruppe waren jetzt auf seine Hilfe angewiesen. Von ihm und seiner Waffe hing es ab, ob sie sich von den Russen lösen konnten. Irgendwo hinter ihm antwortete eine Maschinenpistole dem beinahe ununterbrochen hämmernden Maxim. Zwei, drei Karabiner knallten. Die Kameraden hatten offensichtlich erkannt, um was es ging. Ihr Feuer konzentrierte sich auf den feindlichen MG-Schützen, der gut gedeckt aus einem Blockhaus schoß. Rings um die Schießscharte wurden durch das Schützenfeuer Spreißel aus den Bohlen gerissen, doch wirklich beeindrucken konnte das den gut gedeckten gegnerischen Schützen nicht. Dennoch verschaffte das gut gezielte Schützenfeuer Reitinger so viel Luft, daß er sich während einer kurzen Feuerpause an den Trichter, in dem sein Schütze Zwo lag, heranarbeiten konnte. Noch einmal um die eigene Achse gedreht, dann rollte er in die flache Mulde.

„Scheiße, verdammte!" Scholz rieb sich die linke Hand. Reitinger war samt MG auf seinen Freund gefallen und hatte ihm dabei den Lauf der Waffe auf den Handrücken geknallt. „Los, mach schon! Gurt her!" brüllte der Obergefreite gegen das ununterbrochene Schießen an und riß die aufgesteckte Trommel vom Zuführer. Gleichzeitig hatte er sich mit seinem Maschinengewehr an den Rand des Kraters geschoben. Vor ihm, keine hundert Schritte entfernt, blitzte es nach wie vor aus dem kaum über den Waldboden herausragenden Blockhaus auf. Der feindliche MG-Schütze konzentrierte sich im Moment offenbar auf den Rest von Lechners Gruppe, der auf dem abwärts führenden Hang festgenagelt lag. Jedenfalls war von dem eben noch gut sitzenden Schützenfeuer der Kameraden nichts mehr zu spüren.

Reitinger schob sein MG über die Deckung hinaus, visierte kurz an und zog durch. Endlich konnte er es dem Gegner mit gleicher Münze zurückzahlen. Mit Genugtuung spürte er das vertraute Schlagen der Maschinenwaffe an seiner Schulter. Die ersten Kugeln schlugen gegen die Rundstämme über der Schießscharte und rissen lange Splitter aus dem Holz. Reitinger richtete etwas nach. Bereits die zweite Garbe saß deckend in und um die Scharte. Das verschaffte den bedrängten Kameraden hinter ihnen ein wenig Luft. Dennoch war die Lage, in der sie sich befanden, alles andere als rosig. Das unausgesetzte Werferfeuer und die gut sitzenden Lagen der russischen Artillerie boten den Angreifern keinerlei Möglichkeit zur Entfaltung.

So, wie es bei der vierten Gruppe aussah, zeigte sich die Lage auf der gesamten Frontbreite des Regiments. Der Russe hatte eine stark befestigte Abwehrlinie aufgebaut, vor der die Kompanien jetzt festlagen. Die Verluste waren aufgrund des mörderischen Abwehrfeuers bereits in der ersten halben Stunde des Angriffs außergewöhnlich hoch. Alleine bei der zweiten Kompanie betrugen die Ausfälle achtzehn Tote und Verwundete. Der Regimentskommandeur befahl daher ein Einstellen der Angriffe und das Zurücknehmen der Kompanien auf die Ausgangsstellung.

Schwitzend und nach Luft ringend, kam der Melder neben Lechner in dessen flache Deckung gekrochen. „Herr Unteroffizier", keuchte der Soldat, während er versuchte, sich den im Gesicht klebenden Dreck mit dem Handrücken wegzuwischen, „Befehl vom Kompaniechef! Die Kompanie zieht sich unter Mitnahme aller Verwundeten um Punkt 4.40 Uhr auf ihre Ausgangsstellung zurück."

Noch während Lechner bestätigte, kroch der Melder zwischen zwei Feuerstößen eines Maxim nach rechts davon. Immer noch lagen die vordersten Reihen der Kompanie unter schwerem Schützenfeuer der Russen.

Obwohl der mit der zweiten Kompanie nach vorne gegangene VB sein Möglichstes tat und das Feuer der beiden ihm zur Verfügung stehenden leichten Feldhaubitzen-Batterien auf erkannte Ziele leitete, brachte das den Grenadieren nur wenig Erleichterung. Da der vorgeschobene Beobachter ebenso wie seine Kameraden unter dem unausgesetzten Infanteriefeuer des Gegners zu leiden hatte, ließen seine Zielangaben nur ungenaues Schießen zu. Zudem lief er Gefahr, die am weitesten vorgedrungenen Grenadiere mit eigenem Feuer zu treffen. Inzwischen hatte auch die russische Artillerie ihr Feuer weiter verstärkt und unterstützte somit wirkungsvoll den Abwehrkampf der Verteidiger. Der gesamte Angriffsabschnitt hatte sich in einen einzigen brodelnden Hexenkessel aus detonierenden Granaten und dem beinahe ununterbrochenen Knattern der Infanteriewaffen verwandelt.

Der Lärm ringsum war infernalisch!

Um Punkt 4.40 Uhr legte die deutsche Artillerie mit Nebelgranaten einen Rauchvorhang vor die sowjetischen Stellungen, um so den eigenen Soldaten das Lösen vom Feind zu erleichtern. Fauchend senkten sich die Nebelgranaten vor und zwischen die Stellungen der Russen und machten ihnen ein gezieltes Schießen unmöglich. So wie Reitinger gaben auch die anderen MG-Schützen aus ihren Waffen noch einige lange Feuerstöße ab und deckten damit zusätzlich den Rückzug ihrer Kameraden.

Scholz schlug Reitinger auf die Schulter. „Die anderen sind schon ein gutes Stück weg", schrie er gegen den Lärm der Maschinenwaffe an. „Wird Zeit, daß wir uns ebenfalls aus dem Staub machen." Reitinger nickte und schickte noch einen letzten Feuerstoß in die sich bereits wieder lichtende Nebelwand. Dann packte er sein MG am Tragegurt und sprang auf. Der Obergefreite und sein Schütze Zwo rannten, weit nach vorne gebeugt, durch das lebhafte Feuer der gegnerischen Artillerie nach hinten. Ringsum war der Waldboden durch frische, teilweise noch dampfende Trichter aufgerissen. Über umgestürzte Bäume und wirr am Boden liegendes Astwerk hinweg hasteten und kletterten die Angriffskompanien zu ihren Ausgangsstellungen zurück. Der anhaltende Artilleriebeschuß des Gegners auf die sich zurückziehenden Angreifer forderte etliche weitere Verluste unter den Deutschen. Der dritte August war für das Regiment ein schwarzer Tag und brachte an Stelle des angestrebten Erfolges lediglich Dutzende Verwundete und Tote ein.

Unteroffizier Lechners Gruppe hatte durch die enorm starke Abwehr der Russen drei Verwundete hinnehmen müssen. Dabei hatte es den Gefreiten Zacher am schwersten erwischt. Mehrere Splitter waren ihm in Hüfte und Oberschenkel gedrungen. Die beiden anderen Verwundeten waren zum Glück nur leicht verletzt und konnten bei der Gruppe bleiben.

„Mensch, so hab´ ich mir den Iwan wirklich nicht vorgestellt! Der hat uns ja beinahe noch schlimmer zugesetzt als die Franzmänner vor Voncq." Plesse rieb sich seinen noch leicht geschwollenen Knöchel und blies blaue Tabakwolken in die Luft. Seit zwei Tagen lagen sie wieder in ihren Ausgangsstellungen und ließen das jetzt merklich lebhaftere Feuer der russischen Artillerie über sich ergehen. Mehrmals am Tag trommelten die Sowjets auf ihren Abschnitt und verwandelten dadurch langsam aber stetig den Urwald in eine mit Baumstümpfen durchsetzte Kraterlandschaft.

„Ja, schau an! Der Plesse kann ja ganze Sätze von sich geben", zog Scholz den Schützen auf. Ein finsterer Blick des Kameraden ließ Scholz, der noch einen weiteren Kommentar auf den Lippen hatte, augenblicklich verstummen.

„He, was ist?" wandte er sich dann an die drei anderen Männer, die noch im Gruppenunterstand zugange waren und an ihren Karabinern herumfuhrwerkten.

„Laßt doch mal endlich die Finger von euren Schießprügeln und wendet euch lieber angenehmeren Dingen zu." Grinsend zog Scholz die Skatkarten aus seiner Rocktasche und ließ sie geräuschvoll zwischen den Fingern durchlaufen. „Na, wie sieht´s aus, Freunde? Kleines Spielchen gefällig?" Er knallte das Kartenpaket vor sich auf die zum Tisch umfunktionierte Munitionskiste und blickte die mit ihren Waffen beschäftigten Kameraden auffordernd an.

„Laß uns bloß mit deinen gezinkten Karten in Ruhe!“ gab Seliger zurück, während er das Schloß in seinen Karabiner einbaute und durchrepetierte. „Mir reicht´s noch vom letzten Mal.“ Die beiden anderen nickten und verbissen sich ein Grinsen.

„Wieso vom letzten Mal?“ bohrte Scholz nach. „Jetzt sag bloß, daß ich…“

Ein ohrenbetäubender Donner schnitt dem Schützen Zwo das Wort ab. Zwei weitere Donnerschläge hallten durch das, was vom Wald noch übriggeblieben war. Die für spärliche Helligkeit sorgenden Hindenburglichter erloschen augenblicklich, und irgend jemand stieß gegen die Muni-Kiste, die polternd zur Seite fiel, und ließ zeitgleich einen ellenlangen Fluch ab. Irgendwo begann eine Zwo-Zentimeter ihr bellendes Schießen. Andere fielen ein, und innerhalb weniger Augenblicke hallte der gesamte Abschnitt vom Bellen der Flugabwehrkanonen wider. Dazwischen detonierten ganze Reihen Bomben, die frische, tiefe Krater in den längst umgepflügten Waldboden rissen.

„Verdammte Scheißkerle!“ brüllte Scholz. „Nicht einmal in der Nacht gönnen sie einem Ruhe. He, mach mal einer Licht!“ Flackernd sprang eine Flamme aus Plesses Sturmfeuerzeug und riß mit ihrem gelblichen Licht ein kleines Loch in die herrschende Dunkelheit.

„Kerzen her, oder denkt ihr vielleicht, ich will hier ewig mit der Funzel in der Hand stehenbleiben?“

Hustend klopften sich die Männer den Staub von der Uniform, und Scholz angelte umständlich nach seinen auf dem Boden verteilten Karten. Draußen hatte das Schießen der Flak aufgehört, die aufgrund der Dunkelheit wahrscheinlich sowieso nur Löcher in die Luft gestanzt hatte. Hier ging es wohl auch mehr um die moralische Wirkung als um eine tatsächliche. Noch während sich Scholz und die anderen den letzten Sand und die von der Decke des Unterstandes gerieselte Erde aus den Uniformröcken klopften, hob in der Stellung ein wildes Schießen an.

„Alarm, alles raus! Der Iwan greift an!“

Irgendwo wurde gegen ein Stück Eisen geschlagen, das im Kompanieabschnitt als eine Art Alarmanlage diente.

Allerdings war der gesamte Kompaniebereich längst in Aufruhr. Während Scholz und die anderen ihre Waffen gepackt hatten und nach draußen stürmten, stiegen schon eine ganze Reihe Leuchtkugeln in die Luft und verbreiteten ihr gleißend flackerndes Magnesiumlicht. So wie überall stürmten die Männer in ihre Deckungslöcher und starrten in das von den Leuchtkörpern grell ausgestrahlte Vorfeld. Wie gespenstische, kalkweiße Totenfinger ragten dort die nach dem Artilleriefeuer der vergangenen Tage noch stehengebliebenen Baumstümpfe in die Nacht.

„Was war denn?“ Scholz war eben zu Reitinger gekrochen und starrte wie der Rest der Kompanie feindwärts.

„Irgendwo dort draußen treibt sich ein starker Stoßtrupp Russen rum.“ Reitinger deutete auf eine nahe beisammenstehende Gruppe von Baumstümpfen, hinter der, wie sie wußten, eine flache Mulde lag. „Irgendwo dort sind sie abgetaucht, nachdem die ersten Leuchtkugeln von uns hochgegangen sind. Die haben ganz offensichtlich den Angriff ihrer Nachtschwärmer abgewartet, um so nahe wie möglich an uns heranzukommen.“

Nachdem sich eine weitere Viertelstunde nichts mehr getan hatte und der russische Stoßtrupp verschwunden blieb, ließ Oberleutnant Hauser, der Kompanieführer, den Alarm wieder aufheben. Zurück blieben die Posten und starrten mit doppelter Wachsamkeit in die vor ihnen liegende Finsternis hinaus, die ab und an von einer in den Nachthimmel steigenden Leuchtkugel spärlich erhellt wurde.

Für den 7. August 1941 war der endgültige Großangriff auf Luga geplant!

Doch jetzt war es nicht der Russe, der den Angriffsdivisionen einen gehörigen Strich durch die Rechnung machte, sondern das russische Wetter. Es regnete in Strömen, und das vom Himmel fallende Wasser verwandelte den aufgewühlten Waldboden teilweise in zähen Morast. Es half also nichts. Wieder mußte der geplante Angriff vorerst ausgesetzt werden. Dann endlich, zwei Tage später, am 9. August, fiel endgültig das lange erwartete Stichwort „Berlin“ für den Angriff auf Luga.

Im Morgengrauen des 10. August sollte das LVI. Armeekorps nach Artillerievorbereitung und unterstützt aus der Luft angreifen. Dabei trat die 4. SS-Polizei-Division mit zwei Regimentern zu ihrem ersten Großangriff im Osten an, mit dabei, wie sooft an vorderster Front, ihr Kommandeur, Generalleutnant Arthur Mülverstedt.

„Los, aufstehen, ihr faulen Säcke!“ So wie jetzt Unteroffizier Lechner seine Leute kurz vor Mitternacht aus dem Schlaf riß, geschah es überall im Kompanie- und Bataillonsbereich. „Macht schon, daß ihr fertig werdet!“ drückte Lechner aufs Tempo, um die maulenden und verschlafenen Soldaten möglichst schnell auf Trab zu bringen.

„Um 0.30 Uhr ist Abrücken in den Bereitstellungsraum. Und seht zu, daß ihr dabei nicht soviel Lärm veranstaltet. Wir wollen dem Iwan doch nicht schon im voraus die geplante Überraschung verraten.“ Noch schlaftrunken und vor Müdigkeit fröstelnd, erhoben sich die Männer. Während unter wüstem Fluchen und gedämpftem Schimpfen in der Dunkelheit die Suche nach dem einen oder anderen Ausrüstungsgegenstand begann, eilten die Kompanie- und Bataillonsmelder bereits ununterbrochen hin und her, um die letzten Befehle zu überbringen. Munition und Verpflegung für zwei Tage wurden gefaßt. Dann rückte das Bataillon in den Bereitstellungsraum ab.

Während sich im gesamten Abschnitt die Kompanien auf den kommenden Tag vorbereiteten, hatten ihre Kameraden von der Pionierwaffe bereits einiges an Vorarbeit geleistet. So wie in den vorausgegangenen Nächten auch waren an vielen Stellen bereits Gassen in die vom Russen gelegten Minenfelder geräumt worden, und dort, wo es Drahthindernisse gab, sollten diese durch gestreckte Ladungen aus dem Weg geräumt werden. Die Vorbereitungen waren beinahe abgeschlossen. Der kommende Tag würde also recht bald zeigen, ob man tatsächlich alles Nötige berücksichtigt hatte.

„Möchte nur zu gerne wissen, weshalb die wegen der paar lausigen hundert Meter, die wir nun weiter vorziehen sollen, so ein Gedöns veranstalten. Die hätten uns doch genausogut noch 'ne Runde schlafen lassen und beispielsweise die anderen hinter uns nach vorne durchreichen können."

Klamm rieb sich nachdenklich seinen vom Liegen auf dem Boden steifgewordenen Nacken und angelte mechanisch nach einer Zigarette, während er und seine Kameraden, in der Dunkelheit stehend, darauf warteten, daß der Rest der Kompanie abmarschbereit war. Längst waren die Aufmarschräume erkundet und von eigenen Vorposten gesichert. Das Gelände wartete darauf, von den Kompanien der Sturmbataillone in Besitz genommen zu werden. Die in den vordersten Stellungen liegenden Kompanien waren die ersten und hatten die kürzeste Distanz zu überwinden. Schwieriger wurde es während der Dunkelheit, die weiter hinten stehenden Einheiten mittels Einweisern an die ihnen bestimmten Punkte zu dirigieren, ohne daß dabei ein hektisches Durcheinander entstand. So erfüllte ein emsiges, trotz der Masse an Soldaten und Material beinahe gespenstisch ruhiges Treiben die Dunkelheit der Nacht, bis auch der letzte Mann an dem ihm zugewiesenen Platz stand.

Mit der langsam heraufziehenden Dämmerung begann auch wieder die Natur lebendig zu werden. Zusammen mit dem heller werdenden Morgen erwachten die ersten Vögel und begleiteten die letzten der nach vorne drängenden Kompanien mit ihrem fröhlichen Gesang. Ringsum schwieg der Krieg, und nur gelegentlich trug ein leichter Nordwind fernen Kanonendonner an die Ohren der wartenden Landser.

So mancher unter den schweigend in den Bereitstellungsraum abmarschierenden Soldaten fragte sich, was dieser so friedlich beginnende Tag letztendlich für ihn wohl noch bereithalten mochte. Nicht wenige unter den jungen Männern mußten sich regelrecht zwingen, der in ihnen aufkeimenden Angst vor Tod oder Verstümmelung möglichst schnell wieder Herr zu werden, um weiter mit jedem einzelnen Schritt näher dorthin zu gelangen, wo möglicherweise schon bald ihr jähes Ende warten mochte. Aber auch die älteren Jahrgänge unter ihnen, jene also, die schon den Westfeldzug miterlebt hatten, blickten dem Angriff mit gemischten Gefühlen entgegen.

Um 3.50 Uhr war der Bereitstellungsraum endlich von allen Einheiten erreicht!

Noch einmal wurden die Kompanieführer von ihren Bataillonskommandeuren in die Lage eingewiesen. Noch einmal ein kurzer Händedruck, ein Blick in die Augen und ein „Hals- und Beinbruch" mit auf den Weg gegeben, dann begab sich jeder der Kompanieführer zurück zu seinen Männern. Es blieb jetzt nicht mehr viel Zeit bis zum Beginn eines neuen Großkampftages. Im Verband des LVI. Armeekorps trat die 4. SS-Polizei-Division mit zweien ihrer drei Regimenter in vorderster Front zu ihrem ersten Großangriff auf russischem Boden an.

Langsam anschwellendes Motorengebrumm kündigte die ersten Staffel Ju 87 Sturzkampfbomber an. Unter Mithilfe der Luftwaffe sollte die stark befestigte Bunkerlinie, an der sich die Kompanien vor wenigen Tagen eine blutige Abfuhr geholt hatten, sturmreif gebombt werden. Schon bevor die erste Welle noch richtig heran war, setzte beim Russen heftiges Abwehrfeuer durch Flugabwehrkanonen ein, und überall zwischen den anfliegenden Ju 87 zeigten sich die Sprengwolken der leichten und mittleren Flak. Dessen ungeachtet zogen die Piloten stur ihre Bahn. Dann kippten die ersten der stählernen Adler über die Tragfläche nach unten ab. Sobald die Maschinen in den Sturzflug übergegangen waren, setzten die Motorsirenen mit ihrem schauerlichen Heulen ein und ließen den sich in ihren Unterständen und Bunkern verkriechenden Rotarmisten regelrecht das Blut in den Adern gefrieren. Nun lösten sich die ersten Bomben und wuchsen in Sekundenschnelle zu todbringenden Geschossen an, die mit unheimlicher Präzision auf einwandfrei erkannte Ziele der russischen Bunkerlinie herabhämmerten. Turmhohe Explosionssäulen wuchsen aus dem Boden empor und verwandelten sich innerhalb weniger Sekunden zu einer alles verschlingenden, schwarzen, von Blitzen durchzuckten Wand. Über die Sowjetsoldaten brach die Urgewalt der Vernichtungsschlacht herein!

Das Donnern und Dröhnen der Explosionen, vermischt mit dem nervenzerfetzenden Gesang der Motorsirenen, ließ selbst einem hartgesottenen Soldaten eisige Schauer über den Rücken laufen. Dann, nachdem die Ju 87 ihre Ladungen abgeworfen hatten, erschienen Ketten von He 111 Horizontalbombern und luden ihre Bomben mit der Präzision eines Uhrwerks in das bereits am Boden tobende Inferno ab. Das harte Knallen und die Druckwellen der Explosionen pflanzten sich bis zu den in ihren Bereitstellungsräumen wartenden Grenadieren fort. Ununterbrochen bebte der Boden und erzitterte unter den Füßen der Landser, als hätte die Erde plötzlich heftigen Schüttelfrost bekommen.

Der entsetzliche Lärm, den dieser Orkan aus Feuer, Stahl und Rauch über den gegnerischen Stellungen verursachte, war sowohl ohrenbetäubend als auch angsterzeugend. Abgeschirmt von der eigenen Jagdabwehr, zogen die He 111 ihre Bahn und ließen dabei den Tod auf die Sowjets herabregnen. Über den dicken Leibern der Horizontalbomber tummelten sich die schlanken und wendigen Me 109 Jagdflugzeuge und erstickten jeden Annäherungsversuch sowjetischer Jäger bereits im Keim.

Obwohl die tapferen Sowjetpiloten in ihren veralteten Polikarpow I-16 *Rata* mit Todesverachtung immer wieder versuchten, an die deutschen Bomber heranzukommen und so deren Formationen aufzubrechen, gelang ihnen das doch kein einziges Mal. Sobald sich ein Schwarm feindlicher Jäger zeigte, drehten die Piloten der Luftwaffe auf ihn ein und nahmen den Kampf sofort auf. Ein in aller Regel ungleiches Duell, welches meist damit endete, daß die angegriffene *Rata* binnen kürzester Zeit, eine dunkle Rauchfahne hinter sich herziehend, in die Tiefe stürzte.

Noch wurde der Himmel über der Front größtenteils von der überlegenen Jagdwaffe der Deutschen beherrscht, und der am Boden kämpfende Landser war relativ selten Angriffen aus der Luft ausgesetzt. Aber schon bald sollten sich die Piloten der Luftwaffe neuen, sehr viel leistungsfähigeren Flugzeugtypen, wie beispielsweise der Lawotschkin La-3 und La-5, gegenübersehen.

Nachdem die letzten Bomber abgeflogen waren, setzte schlagartig das Feuer der Divisionsartillerie ein. Ein wahrer Eisenhagel ergoß sich über die feindlichen Stellungen und zerhämmerte die von den Bomben bis dahin verschonten Reste der feindlichen Stellungen. Diese Unterstützung hatten die Grenadiere erhofft.

Noch während die Artillerie trommelte, ertönten Trillerpfeifen und riefen die Kompanien zum Angriff. „Das hat mal gut hingehauen!“ schrie Klamm seinem Freund zu, der einige Schritte neben ihm nach vorne ging. „Wirst sehen, daß wird für uns nur noch ein wenig Aufräumarbeit werden“.

„Maul halten dort vorne und auf Baumschützen achten!“ schrie Lechner gegen den immensen Lärm an. Er konnte, selbst wenn er das gewollt hätte, den Optimismus seiner Leute nicht teilen. Nur allzuoft hatte er seinen Vater über das Trommelfeuer des ersten Weltkrieges an der Westfront reden hören. Von ihm wußte er, daß selbst nach Tagen schwersten Beschusses noch immer genügend Soldaten unverletzt aus den Trümmern gekrochen waren, um den Kampf wieder aufzunehmen.

Jetzt hatten die vordersten den Beginn der Senke erreicht, an deren Grund der Bach entlangfloß. Überall war der Boden von alten und neuen Trichter aufgerissen. Kreuz und quer herumliegendes Astwerk und umgestürzte Bäume brachten erste Unregelmäßigkeiten in das Vorgehen der einzelnen Züge. Die Soldaten stolperten zwischen den Trichtern umher, was den geplanten zeitlichen Ablauf zwischen dem Zurückweichen der eigenen Feuerwalze und dem Sturmangriff empfindlich bedrohte. Erste MG-Garben flirrten von der gegenüberliegenden Seite herüber und zwangen die vordersten der Angreifer in Deckung. Holzsplitter wurden aus Baumstämmen gefetzt, und Querschläger zwitscherten gefährlich summend zwischen den Grenadieren. Die ersten

Schreie nach dem Sanitäter gellten jetzt bereits durch den mit Kampflärm erfüllten Morgen und zerrten zusätzlich an den bis zum Zerreißen angespannten Nerven der Landser.

Hinter den vordringenden Schützenkompanien ging die MG-Kompanie in Stellung, um mit ihren schweren MGs das weitere Vorgehen der Grenadiere zu unterstützen. Mit Punkt- und Dauerfeuer schossen die MG-Schützen über die Köpfe der nun in die Senke vordringenden Landser hinweg auf die sich zahlreich meldenden Widerstandsnester. Dennoch, trotz der geballten Feuerkraft der schweren Maschinengewehre, wurde das Abwehrfeuer der Verteidiger auffallend stärker, und das, obwohl noch immer eigenes Artilleriefeuer auf den russischen Stellungen lag. Nur noch wenige Sekunden, dann mußte das Feuer der deutschen Artillerie vorverlegt werden. Dann würde sich endgültig zeigen, wieviel Widerstandskraft der Feind vor ihnen noch besaß.

Schon begann die durch das Bombardement der deutschen Luftwaffe empfindlich getroffene russische Artillerie wieder zu schießen. Im Moment wirkte das sowjetische Artilleriefeuer zwar noch etwas ungelenkt und eher ziellos, hatte aber dennoch genügend Kraft, um zusätzliche Unordnung in den deutschen Angriff zu bringen. Offensichtlich herrschte aber auch in den sowjetischen Batteriestellungen erhebliches Chaos. Es mußte also diese bestehende Unordnung unbedingt genutzt werden, um in die ersten Gräben einzudringen, bevor die gegnerische Artillerie wieder an Stärke zulegen konnte.

Unteroffizier Lechners Gruppe hatte mit der ersten Welle bereits den Bach erreicht und teilweise überquert, als das Feuer der eigenen Artillerie um etwa hundert Meter vorverlegt wurde und gleichzeitig an Kraft verlor. Vor den Grenadieren lagen jetzt noch etwa vierzig, vielleicht auch fünfzig Meter bis zu den ersten Stellungen der Russen. Überall am Boden liegendes Astwerk und unzählige Sprengtrichter erschwerten den Landsern das Vorankommen zusätzlich.

„Drauf!“ brüllte Lechner, der mit seiner MPi, aus der Hüfte schießend, zwischen den Hindernissen vorwärts stürmte. Gleich ihm stürmten und stolperten jetzt entlang der gesamten Front hunderte Grenadiere in Richtung der russischen Linie, schossen, brüllten und machten sich auf diese Weise gegenseitig Mut. Doch bevor die Angreifer auf Einbruchsentfernung heran waren, traf die Soldaten das nun mit aller Macht einsetzende Abwehrfeuer der Sowjets!

Überall vor ihnen blitzte, knallte und hämmerte es aus raffiniert angelegten Feldstellungen, Unterständen und aus stark armierten Bunkern heraus. Viele der sowjetischen Kampfstände hatten das vorangegangene Bombardement zum Teil ohne nennenswerte Schäden überstanden. Werfergranaten aller Kaliber hagelten zwischen die vorgehenden Schützenkompanien und forderten weitere Opfer. Der Angriff des I. Bataillons, zu dem die 2. Kompanie gehörte, kam zum Stehen, noch bevor er sich überhaupt richtig entfalten konnte.

Klamm ließ sich urplötzlich fallen, als vor ihm das bläulich zuckende Mündungsfeuer eines Maxim aufblitzte. Aus dem Augenwinkel heraus konnte er sehen, wie sich rechts und links von ihm die Kameraden ebenfalls zu Boden warfen oder versuchten, sich in frisch aufgeworfene Trichter zu schieben. Irgendwo hinter ihm schrie einer der Kameraden um Hilfe, und Klamm hoffte inständig, daß es dem Sani trotz des mörderischen Kugelhagels möglichst schnell gelingen möge, den Verwundeten zu versorgen. Schwer keuchend zog Klamm den halb unter ihm zu liegen gekommenen Karabiner hervor. Nachdem ihm das gelungen war, versuchte er, sich eine bessere Deckung zu schaffen. Ein Unterfangen, daß aufgrund der rings um ihn sirrenden und in den Boden klatschenden Kugeln kaum Aussicht auf Erfolg haben konnte. Doch mit aller Macht kämpfte er gegen das immer stärker werdende Gefühl der Angst und den daraus resultierenden Wunsch an, sich einfach wie ein Wurm zusammenzurollen und wimmernd so lange an die Erde gepreßt liegenzubleiben, bis dieses Horror-Szenario endlich vorüber war. Es kostete ihn mehrerer Sekunden, in denen er beinahe starr vor Angst und Entsetzen war. Doch dann erwachte aufs neue der Wille zum Kämpfen und Überleben in ihm.

Mit bloßen Händen wühlte Klamm den weichen Waldboden vor sich fort, um die angedeutete Mulde, in der er lag, etwas zu vertiefen. Keuchend und schwitzend vor Anstrengung und Angst, gelang es ihm, vor sich einen kleinen Erdwall aufzuschieben, der wohl eher einer moralischen als einer wirklichen Deckung entsprach. Der Kampflärm ließ ihn beinahe taub werden. Immer wieder fielen die häßlich kreischenden Werfergeschosse zwischen die in Deckung gezwungenen Soldaten und barsten mit hellem Knall auseinander. Glühend heiß zischten die scharfkantigen Splitter der Werfergranaten in alle Richtung davon und suchten sich Opfer, in die sie hineinbeißen konnten. Der verwundete Kamerad hinter ihm schrie noch immer nach dem Sanitäter, und seine gräßlich klingenden Schreie ließen Klamm beinahe das Blut in den Adern gefrieren.

Er zwang sich regelrecht dazu, an all das Entsetzliche um ihn herum nicht zu denken und sich nur auf das Unmittelbare, das für ihn Wesentliche, zu beschränken. Wie nur konnte er die letzten Meter bis an die gegnerische Stellung überwinden, ohne dabei am feindlichen Feuer zugrunde zu gehen. Das und nichts anderes war jetzt wichtig! Gleich ihm dachten viele und machten sich bereit zum letzten Sprung!

Vor Klamm stieg das Gelände bereits wieder sanft an. Keine dreißig Meter von ihm entfernt spuckte das Maxim seine todbringenden Garben den Angreifern entgegen. Er hatte das Gefühl, als ob dieses kleine, ununterbrochen feuerspeiende Maul ausschließlich zu ihm herübersähe und seine bleiernen Auswürfe nur ihm alleine gälten. Der kalte Angstschweiß lief Klamm unter dem Stahlhelmrand hervor in die Augen und zog helle, feine Bahnen durch das dreckverschmierte Gesicht. Jede noch so kleine Bewegung kostete ihn unendlich viel an Kraft, die er längst nicht mehr zu haben schien! Dennoch schaffte er es irgendwie, den vor sich aufgetürmten kleinen Wall aus lehmiger Erde noch ein klein wenig zu vergrößern. „Endlich geschafft!“ hämmerte es dem Pulsschlag gleich in seinem Kopf! Irgendwo tief in sich fühlte er das beruhigende Gefühl von Erleichterung über die noch immer eher erbärmlich zu nennende Deckung. Doch das leise Gefühl eines kleinen Triumphes war lediglich von kurzer Dauer. Ein anderer, sehr viel mächtigerer Gedanke hatte urplötzlich Besitz von ihm ergriffen.

„Wehre dich endlich!" schrie alles in ihm. „Zeig diesem Scheißkerl dort vorn, wo der Bartel den Most holt!" Mit der Linken wischte er sich den Schweiß ab, der ihm in seine Augen rann, und versuchte, so gut es in dieser Stellung eben ging, seinen Karabiner in Anschlag zu bringen.

Rrrrrt! Rrrrt! Knapp neben ihm pflügte eine MG-Garbe den Boden. „Scheiße, verdammte!" Klamm versuchte sich so klein wie möglich zu machen. Kreischend fuhr eine Lage Werfergeschosse in den Bachgrund und detonierte wummernd. Irgendwo hinter ihm schrie wieder einer seiner Kameraden laut vor Schmerzen auf.

„Sanii! Hiiilfe! Helft mir doch, mich hat´s erwischt!"

Klamm versuchte abermals, sich in Schußposition zu bringen. Sofort spritze vor ihm der aufgehäufte Waldboden auf. Eine Ladung Dreck und Tannennadeln flogen ihm ins Gesicht. Er bemühte sich, den Dreck aus seinen tränenden Augen zu wischen. Kein einfaches Unterfangen, ohne den feindlichen Schützen noch mehr auf sich aufmerksam zu machen. Jede unvorsichtige Bewegung schien erneut die Aufmerksamkeit des Russen auf ihn zu lenken.

„Saukerl", fluchte Klamm vor sich hin. „Der hat´s wohl auf mich alleine abgesehen?" Von irgendwoher flog eine Handgranate und detonierte mit dumpfem Knall vor der MG-Stellung, allerdings ohne dabei irgendwelchen Schaden anzurichten. Zumindest konnte Klamm jetzt annehmen, daß auch noch andere Kameraden gleich ihm versuchten, das MG-Nest auszuheben. Der feindlich Schütze verstärkte daraufhin sein Feuer!

Links und rechts von ihm kleckerten einige Karabiner der Kameraden und beantworteten auf diese Art das nun auch stärker aufflackernde Schützenfeuer der sowjetischen Infanterie.

Endlich konnte Klamm wieder etwas erkennen!

Obwohl ihm noch immer die Tränen aus dem linken Auge liefen, sah er, daß das vor ihm liegende Blockhaus jetzt offensichtlich unter dem Feuer eines eigenen schweren Maschinengewehrs (sMG) lag.

„Hier rüber zu mir, Franz. Nun mach´ schon!" Klamm wendete den Kopf nach rechts und erkannte dort den Rand eines Stahlhelmes über einen flachen Trichter emporragen. „Beweg dich endlich!" schrie es von dort noch einmal. Ein letzter Blick auf das vor ihm liegende Blockhaus. Noch immer schlugen dort die Kugeln des eigenen MGs rund um die Schießscharte ein. Es gab keinen besseren Zeitpunkt!

Er packte seinen Karabiner fester und schob sich dann – die Waffe voraus – auf dem Bauch, so schnell er konnte, auf den über den Trichter herausragenden Stahlhelm zu.

„Mensch, es wird aber auch Zeit!" begrüßte ihn Seliger. „Ich dachte schon, du willst dort drüben Wurzeln schlagen".

„Quatsch nicht so blöd. Sag mir lieber, wo die anderen sind".

„Keine Ahnung. Irgendwo links von uns muß wohl Lechner sein. Dein Kumpel Plesse scheint auch irgendwo dort drüben zu liegen. Zumindest habe ich ihn noch kurz, bevor uns der Iwan in Deckung gezwungen hat, ein Stück hinter dir gesehen."

Klamm orientierte sich kurz. Dort, wo Seliger seinen Kameraden vermutete, war im Moment nicht das geringste zu sehen. Allerdings hatte das nichts zu bedeuten. Dann spähte er über den Rand des Trichters nach vorne. Das Blockhaus lag noch immer unter dem deckenden Feuer des eigenen sMGs. Von dort war im Moment also kaum etwas zu befürchten. Eine günstige Gelegenheit, sich näher an das Blockhaus heranzuschieben.

„Los, Toni. Das MG holen wir uns! Solange die Kumpels von der MG-Kompanie draufhalten, bleibt der Iwan dort schön still!"

„War auch mein Gedanke", pflichtete ihm der Schütze bei. Wupp, wupp, wupp. Eine Lage leichter Werfergranaten hieb in unmittelbarer Nähe ein und überschüttete die beiden Männer mit einem Hagel aus Erde und kleinen Steinen.

„Wird eh viel zu ungemütlich hier“, kommentierte Seliger die Einschläge. Noch ein kurzer Blick über den Trichterrand, dann schoben sie sich, flach auf dem Bauch liegend, darüber hinweg. Rings um die Soldaten zischten und surrten die feindlichen Kugeln und die glühenden Splitter der Werfergranaten. Dennoch schoben sie sich Meter für Meter weiter vor. Jetzt gab es nur noch das eine Ziel vor ihnen, an dem fortwährend die eigenen MG-Garben klatschend einschlugen. Noch ungefähr zehn Meter trennte sie vom feindlichen Blockhaus. Gleich würde der sMG-Schütze sein Feuer einstellen müssen, wenn er sich nicht unnötig gefährden wollte. Beide zogen sie Handgranaten aus dem Brotbeutel an der linken Seite, der zum „Handgranatenbeutel“ umfunktioniert wurde. Jeder der beiden wußte genau, was er jetzt zu tun hatte. Derartiges war schon oft zuvor geübt worden. Vorsichtig schoben sie sich weiter heran. Wenige Augenblicke später befanden sie sich im toten Winkel des russischen MGs. Nun mußte nur noch das eigene MG sein Feuer verlegen. Worauf es dann noch ankam, war ganz einfach Schnelligkeit und ein wenig Glück!

„Los!“ rief Klamm und schnellte die letzten Meter vor. Er kam unmittelbar neben der Scharte zum Liegen. Seliger lag keine zwei Sekunden später direkt neben ihm. Nicht einen Augenblick zu früh! Eben erschien wieder der Lauf des Maxim in der Öffnung. Zeitgleich hatte Klamm die erste Handgranate scharf gemacht. Noch während Seliger mit dem Karabiner dem MG-Lauf von unten einen heftigen Schlag versetzte und so die Waffe gegen die Oberkante der Schießscharte schlug, beförderte Klamm die Granate gekonnt in das Innere des Bunkers.

Noch bevor die Druckwelle der Detonation aus der Schießscharte ins Freie drang, hatte Seliger seine Stielhandgranate entsichert und hinterher geworfen. Zwei dumpfe Detonationen waren zu hören. Kurz darauf drang schwarzgrauer Rauch durch die Schießscharte nach draußen. Der

MG-Lauf sank in die hinter der Schießscharte herrschende Dunkelheit zurück.

„Den hätten wir!“ kommentierte Seliger die Explosionen. Während er sich den Schweiß aus dem Gesicht wischte, konnte er aus dem Augenwinkel erkennen, wie sich mehrere ihrer Kameraden erhoben und zum Sprung in ihre Richtung ansetzten.

Tatsächlich verschaffte das Ausschalten des russischen Blockhauses dem dritten Zug, zu dem auch ihre Gruppe gehörte, ein klein wenig Luft. Aber selbst wenn es dadurch an dieser Stelle nun etwas vorangegangen war, so ließ das Schützenfeuer der gegnerischen Infanterie aus deren gut ausgebauten Stellungen und den überall vorhandenen Bombentrichtern den Angriff noch immer mehr als geplant stocken.

Von überall her schlug den Angreifern mörderisches Schützenfeuer entgegen!

Der eigene Luftangriff und das anschließende Artilleriebombardement hatte zwar einen Teil der russischen Stellungen verwüstet, doch die dadurch entstandenen Trichter boten den Verteidigern ebensoviel Deckung, wie es die ehemaligen Stellungen getan hatten.

„Hier rüber!“ brüllte Klamm einigen Kameraden seiner Gruppe zu. Die hatten offensichtlich noch gar nicht bemerkt, daß er zusammen mit Seliger das Blockhaus zum Schweigen gebracht hatte. Die winkten jetzt zurück, zum Zeichen, daß sie verstanden hatten, und kamen keuchend, sich ständig aufs neue vor einschlagenden Granaten in Deckung werfend, angerannt.

„Mensch, Franz!“ Krabowski grinste breit. „Wir dachten, dich hat´s vorhin schon erwischt. Dabei sitzt der Kerl die ganze Zeit gemütlich bei den Russen und…“

Rrrt! Rrrrt! Über die Köpfe der Soldaten zog rauchend die Leuchtspur eines Maxim. Rrrt, rrrt.

„Mensch, dieser Mistkerl meint uns!“ brüllte Krabowski und zog den Kopf zwischen die Schultern. Über das nur wenig aus dem Boden herausragende Dach des Unterstandes, den sie eben außer Gefecht gesetzt hatten, zog die nächste Leuchtspur und klatschte irgendwo hinter ihnen in den ansteigenden Hang.

„Zum Teufel noch mal! Was hängt ihr denn hier noch rum?“ Keuchend und fluchend hatte sich Unteroffizier Lechner bis zu ihnen vorgearbeitet und wollte wissen, wieso es nicht weiterging. „Weil dort vorne schon wieder so ein Mistkerl sitzt und uns hier festnagelt!“ Wie zur Bestätigung von Klamms Worten zog gerade in diesem Augenblick eine lange Garbe aus dem gegnerischen MG über ihre Köpfe hinweg. Obwohl auch weiter links und rechts von ihnen die ersten Grenadiere in die vordersten russischen Stellungen eingedrungen waren, machte der Gegner keinerlei Anstalten, sich zurückzuziehen. Im Gegenteil!

Jetzt entstanden an einigen Stellen erste Nahkämpfe, und nichts deutete darauf hin, daß die Russen gewillt waren, sich so schnell geschlagen zu geben. Mit Spaten, Seitengewehren und Karabinerkolben hieben und stachen die beiden Parteien brutal aufeinander ein…

Nahkampf!

Die grausamste Variante, die der Krieg zu bieten hatte, kam hier zur Anwendung. Ein blutiges Gemetzel, das die Soldaten beider Seiten gleich fürchteten und dennoch mit dem Mut der Verzweiflung zu führen gezwungen waren. Bei dieser Art zu kämpfen entschieden nur mehr grausame Härte und Brutalität. Hier gab es nur noch ein Gesetz. Du oder Ich. Derjenige, der brutaler, rücksichtsloser und nicht zuletzt auch mutiger auf den Gegner losschlug, der entschied das Ringen meist auch zu seinen Gunsten.

Obwohl die Russen sich mit einer Todesverachtung ohnegleichen zur Wehr setzten, wurden die Nahkämpfe letztendlich zu Gunsten der mit Übermacht angreifenden SS-Grenadiere entschieden. Dieses Mal zumindest.

Die Gruppe Lechner hatte sich inzwischen vor dem Blockhaus gesammelt!

„Das MG muß weg!“ stellte Lechner fest, während immer wieder lange Feuerstöße über sie hinweg in die hinteren Reihen der zweiten Welle fuhren. „Solange die dort drüben sitzen, kommen wir hier nicht von der Stelle und die Kameraden hinter uns ebensowenig."

Der gegnerische Schütze konnte von seiner Position aus auf den gesamten Abschnitt des dritten Zuges einwirken und zudem auch ein beachtliches Stück des gegenüberliegenden Hanges, den die nachfolgenden Grenadiere herabkommen mußten, unter Beschuß nehmen. Doch wie sollten sie unter diesen Bedingungen an das feindliche MG herankommen?

Sobald einer von ihnen den Kopf über die Deckung hob, ratterte es auf der anderen Seite los. Für einen wirksamen Wurf mit der Handgranate war das MG zu weit entfernt. Zu ihrem Glück wurde das Problem von anderer Seite gelöst! Die mit der ersten Welle vorgegangenen Beobachter der Granatwerfergruppe des Bataillons und der Artillerie traten jetzt in Aktion. Auf von ihnen erkannte Ziele wurde soeben das Feuer eröffnet! Jaulend senkten sich die ersten Werfergeschosse auf die gegnerischen Widerstandsnester herab. Erdfontänen spritzten empor und fielen wieder in sich zusammen. Patschend hieben Splitter in Baumstämme und menschliche Leiber. Endlich wurde den hart ringenden Landsern entscheidende Unterstützung zuteil. Nach zwei Lagen aus mittleren Granatwerfern schwieg das feindliche MG. So wie hier war es auch an anderen Stellen im Angriffsstreifen. Sobald sich irgendwo der sowjetische Widerstand zu versteifen begann, hagelten die Granaten auf die Widerstandsnester herab. Auch die vorgeschobenen Beobachter der deutschen Artillerie hatten endlich markante Ziele, die sie mit den ihnen zur Verfügung stehenden Batterien bekämpfen konnten, ohne dabei Gefahr zu laufen, aufgrund mangelnder Beobachtung in die eigenen Reihen zu schießen.

Noch während die letzten Sprengwolken in sich zusammensanken, stürmte die Gruppe Lechner weiter vor. Von überall erklang das Hurra-Gebrüll der feindwärts drängenden SS-Grenadiere. Dennoch wurden die vorwärts stürmenden Deutschen durch die sich heftig zur Wehr setzenden Sowjetsoldaten an allen Ecken und Enden in Kämpfe Mann gegen Mann verwickelt.

Noch eine weitere blutige Stunde tobte der Kampf um die sowjetische Bunkerlinie!

Hier zeigte sich wieder, daß die Russen nicht selten bis zur sprichwörtlich letzten Patrone ausharrten. Oft genug mußten einzelne Widerstandsnester bis auf den letzten Mann niedergekämpft werden. Gerade da, wo die roten Kommissare die Truppe fest in der Hand hatten, wurde verzweifelter Widerstand geleistet. Doch dann erlahmte die sowjetische Verteidigungskraft!

Der Angriffsschwung der deutschen Bataillone hatte trotz zähen Widerstandes des Feindes den Ausschlag gegeben. Gegen Mittag zog sich der Russe in Richtung Stojanowtschina zurück. Nur schwache Nachhuten sicherten das Abfließen der russischen Einheiten, die jedoch von den Deutschen kaum bedrängt wurden. Deren Angriffbataillone nutzten die eingetretene Gefechtspause dazu, sich neu zu ordnen, bevor weiter in Richtung Smerdi – Stojanowtschina angegriffen wurde.

Während die SS-Polizei-Division damit begonnen hatte, den Verteidigungsriegel der Sowjets aufzubrechen, befand sich deren Kommandeur mitten unter seinen im schwersten Abwehrfeuer vorstürmenden Soldaten. Mit anfeuernden Rufen motivierte General Mülverstedt die im schweren Abwehrfeuer der Russen ins Stocken geratenen Angriffsspitzen.

„Vorwärts, Jungs!" Der Ruf drang durch die Reihen der Angreifer und riß sie förmlich hoch. Der General war jetzt unter ihnen! Mit Freude und Erstaunen nahmen die Grenadiere die Anwesenheit ihres Divisionskommandeurs zur Kenntnis. Von Mund zu Mund pflanzte sich die Nachricht fort: „Der General ist hier!" Diese Neuigkeit brachte frischen Schwung in den Angriff. Es ging weiter voran. Noch mehrere Male gelang es dem Divisionskommandeur, allein durch seine bloße Anwesenheit und dem von ihm ausgehenden Beispiel, seine Männer trotz des schweren Abwehrfeuers nach vorne zu ziehen.

Dann – ein letztes Mal – sprang der General hoch, schrie sein „Vorwärts!", als dicht vor ihm eine Granate in den

Grund schlug und den Kommandeur zu Boden warf. Mit einem Granatsplitter in der Brust wurde der schwer verwundete General zum Hauptverbandsplatz nach Iljishe Proroge gebracht. Doch als der Transport schließlich mit dem Schwerverwundeten eintraf, war es für diesen bereits zu spät. Die Ärzte können nur noch den Tod des Divisionskommandeurs feststellen...

„Mensch, Gerd, mir knurrt der Magen, als hätte ich seit einer Woche nichts zu essen bekommen!"

„Hmm," brummte Plesse wortkarg und zündete sich mit leicht zitternden Händen eine Zigarette an. Die nervliche Anspannung der vergangenen Stunden war auch an seinem eher stoischem Gemüt nicht spurlos vorübergegangen. Erst nach einem zweiten tiefen Zug blickte er seinen Freund, der neben ihm an einem Baumstamm lehnte, nachdenklich an.

„Ich könnte einen ganzen Ochsen verdrücken", pflichtete er Klamm bei. „Aber so, wie's aussieht, wird's mit Verpflegung wohl so schnell nichts werden." Beinahe wie durch Watte hatte Klamm die Worte seines Freundes vernommen. Noch immer dröhnten den Grenadieren die Ohren von dem eben erst verstummten infernalischen Lärm des Kampfes. Überall sah man sitzende oder liegende Soldaten, denen man die Anspannung der letzten Stunden deutlich ansah. Erstaunlicherweise schwieg die gegnerische Artillerie ganz entgegen ihrer sonstigen Gewohnheit. Normalerweise trommelte der Russe mit allem, was er hatte, sobald er ein Stück Gelände preisgeben mußte. Bis auf sporadisch abgefeuerte Schüsse, die irgendwo weiter hinten in den Wald schlugen, blieb es zunächst jedoch ruhig. Die Grenadiere nutzten die herrschende Gefechtspause auf ihre Art. Viele der Männer versuchten, die hinter ihnen liegenden Erlebnisse in Gesprächen zu verarbeiten. Andere hingegen hatten sich einfach auf dem Waldboden ausgestreckt in der Hoffnung, vielleicht noch ein wenig Schlaf zu finden. Der eine oder andere war bereits damit beschäftigt, die mitgeführte eiserne Ration aufzuessen, obwohl dies eigentlich verboten war. Klamm entschied sich dagegen, trotz des bohrenden Hungers, der deutlich in seinen Eingeweiden nagte, dasselbe zu tun. Man konnte schließlich nicht wissen, was noch alles auf einen zukommen würde.

„Mal herhören!“ Unteroffizier Lechner kam von einer Unterführerbesprechung beim Kompaniechef zurück. „Um 13.15 Uhr tritt das Bataillon wieder an.“ Er warf einen kurzen Blick auf die Uhr. „Noch knapp vierzig Minuten. Ruht euch noch etwas aus, falls ihr könnt. Wird sicher ein heißer Nachmittag. Unser nächstes Angriffsziel ist“, er zögerte kurz und so, als ob er sich erinnern mußte, „Stojanowtschina oder so. Der Iwan wird sich das Kaff von uns sicher nicht so einfach wegnehmen lassen. Beim Bataillon glauben sie, daß die dahinter verlaufende Anhöhe ebenfalls vom Russen besetzt ist.“

„Mahlzeit“, maulte Klamm. „Nichts Anständiges zu kauen und dann auch noch auf Berge klettern. Ich möchte mal wissen, wie sich unser Küchenbulle das im einzelnen so vorstellt. Soll doch der mal mit leerem Magen durch die Gegend stolpern und dabei auch noch vom Iwan beschossen werden.“ Die Umstehenden grinsten und pflichteten ihm bei, was Klamm weiteren Auftrieb gab. Doch bevor er weiter vom Leder ziehen konnte, schnitt ihm der Gruppenführer das Wort ab.

„Jammer nicht rum. Sieh lieber zu, daß wir für unser MG noch ein paar Kästen Munition bekommen. Nimm deinen Zwilling mit und dann Abmarsch.“

„Wieso ich? Soll doch der Reitinger oder der Scholz, die haben doch...“

„Weil ich es sage und es eben so ist!“, unterbrach ihn Lechner scharf. „Und ihr anderen laßt das Grinsen sein, sonst halte ich bei nächstbester Gelegenheit einen Gewehrreinigungsappell ab, an den ihr noch in fünfzig Jahren denken werdet!“

Vor sich hinmaulend, schob Klamm zusammen mit Plesse in Richtung Kompaniegefechtsstand ab.

„Jetzt mal ehrlich, Gerd, mitunter denke ich, der Lechner hat uns ganz besonders gern. Oder was glaubst du, warum der immer nur auf uns herumpickt?“

„Auf dir, Jungchen, nicht auf uns.“ Klamm blieb stehen und blickte seinen Freund, der ihm im Abstand von drei Schritten gefolgt war, belustigt an.

„Wieso auf mir, he? Irre ich mich, oder ist das dein Geist, der mir da folgt? Immerhin hat er dich mit mir zusammen losgejagt!“

„Stimmt. Aber nur deshalb, weil du mal wieder dein blödes Maul nicht halten konntest.“

„Jetzt mach´ aber mal halblang“, gab Klamm entrüstet zurück. „Der kann dich doch genausowenig leiden wie...“

Rrrrrrrt! Ein langer Feuerstoß aus einer Maschinenpistole schnitt ihm das Wort ab. Klatschend schlugen die Kugeln in unmittelbarer Nähe in einen Baumstamm. Gleichzeitig mit der nächsten Serie lagen die beiden flach. Keinen Moment zu früh, denn die dritte Serie fetzte genau über ihre Köpfe hinweg und hätte sie unweigerlich getroffen, hätten sie nicht so schnell reagiert.

„Der Kerl sitzt dort drüben!“ Plesse deutete auf eine flache Buschgruppe, die schätzungsweise 20 Meter von ihnen entfernt stand. Sie waren dem feindlichen Schützen ahnungslos direkt vor die Mündung gelaufen, und nur dem glücklichen Umstand, daß der Russe wohl ein schlechter Schütze war, hatten sie ihr Leben zu verdanken. Jetzt, seit sie flach am Boden lagen, war auch von dort kein Schuß mehr gefallen.

„Gib mir Feuerschutz, Gerd. Ich versuche mal, näher ranzukommen“. Klamm zog seine letzte Handgarante aus dem Brotbeutel, schraubte den Verschluß am Stielende ab und schob sich daraufhin vorsichtig näher an das Buschwerk heran.

Nichts rührte sich dort!

Auch nachdem er bis auf wenige Meter an die Stelle herangekommen war, blieb es still. Er überlegte kurz, ob er sicherheitshalber die Handgranate werfen sollte, doch so wie es aussah, war da vor ihm niemand mehr. Offensichtlich hatte sich der Russe aus dem Staub gemacht. Dennoch blieb er vorsichtig. Er schob sich noch näher heran und erreichte den Rand der Büsche.

Ein leises Stöhnen drang jetzt zu ihm, und nachdem er sich ausschließlich aufs Horchen konzentriert hatte, vernahm er es noch deutlicher. Unmittelbar vor ihm mußte also doch jemand sein. Er drehte sich um und gab Plesse mit Handzeichen zu verstehen, daß dieser ihm folgen sollte.

„Wenigstens ein Iwan sitzt dort vor uns", flüsterte Klamm seinem Freund zu, nachdem der neben ihm zu liegen gekommen war. „So wie der Kerl stöhnt, muß er auf jeden Fall verwundet sein", gab Plesse zurück. „Also, was machen wir? Handgranate rein oder versuchen wir, ihn lebend zu bekommen?"

„Lebend!" entgegnete Klamm kurz und war auch schon aufgesprungen. Mit der Handgranate in der Linken und dem Karabiner in der Rechten brach er durch das zerfledderte Gebüsch und wäre beinahe kopfüber in dem gut getarnten Kampfstand des Feindes gelandet, der sich unmittelbar an die Buschreihe anlehnte. Nur einen Augenblick später brach Plesse neben ihm, den Karabiner voran, durch das Geäst

„Rucki werch!" Ohne weiter nachzudenken, hatte Klamm die russische Bedeutung für „Hände hoch!" gebrüllt. Unter ihnen saß, dicht an die Erdwand gelehnt, ein noch ziemlich junger Kerl, der mit großen, angstgeweiteten Augen zu ihnen heraufstarrte. Noch einmal forderte Klamm den Russen auf, er solle die Hände hochnehmen, doch der konnte oder wollte nicht vor lauter Angst.

„Laß ihn", beschwichtigte Plesse seinen Freund und deutet auf den am Boden Kauernden. „Der hat doch mehr Schiß, als Vaterlandsliebe. Wenn der überhaupt schon sechzehn ist." „Aber um auf uns beide zu schießen, hat´s noch allemal gelangt", gab Klamm wütend zurück und warf dem Verwundeten einen wilden Blick zu.

Wieder stöhnte der Russe, und erst jetzt sahen sie auch, weshalb. Sein rechtes Hosenbein war blutdurchtränkt, und offensichtlich konnte der Mann nicht mehr aufstehen. Das war wohl auch der Grund, weshalb er hier alleine zurückgeblieben war. Seine Kameraden hatten ihn ganz einfach im Stich gelassen, um ihre eigene Haut zu retten.

Plesse sprang in den Graben und schob als erste Vorsichtsmaßnahme die noch immer neben dem Soldaten an der Grabenwand lehnende Maschinenpistole zur Seite. Ein kurzer Blick in das Innere des kleinen Kampfstandes zeigte ihm, daß er bis auf einen Toten, der dort am Boden lag, leer war. Dann packte er die Waffe und hieb sie mit einem Schlag gegen eines der dicken Kanthölzer, aus denen der Kampfstand gebaut war. Splitternd zerbrach der Kolben.

„Also, was machen wir jetzt mit dem Jungen?" Klamm war ebenfalls in den Kampfstand geklettert und beugte sich zu dem Verwundeten herab. „Na, jetzt mach dir mal nicht in die Hosen, Kleiner", kommentierte er einen schwachen Abwehrversuch des Russen, der schützend die Hände vor sich nach oben gerissen hatte. Aus seinen Augen flackerte noch immer die nackte Angst vor den „faschistischen Hunden". Immerhin hatte man ihm, ebenso wie jedem einzelnen seiner Kameraden, bei jeder sich bietenden Gelegenheit eingebläut, daß die deutschen Soldaten keinesfalls Gefangene machen würden und außerdem eine große Freude daran hätten, jeden Russen, den sie in ihre Hände bekämen, so lange grausam zu foltern, bis er tot sei.

„Gib mal dein Verbandspäckchen", redete Klamm auf den Verwundeten ein und versuchte ihm mittels Zeichensprache zu erklären, was er von ihm wollte. Doch der Verwundete schüttelte immer nur mit dem Kopf und unterstrich diese Geste mit einem „Njet", das er dauernd wiederholte.

„Der will wohl nicht, daß wir ihm helfen, oder was?"

„Depp", kommentierte Plesse die Frage seines Freundes und zog sein Verbandspäckchen aus der Rocktasche. „Der hat wahrscheinlich nichts bei sich, womit wir ihn verbinden können, denn sonst wäre er sicher schon selbst auf die Idee gekommen." Er zeigte dem Russen sein Verbandspäckchen, und der erkannte sofort, was Plesse wollte. Ein angedeutetes Lächeln flog über das Gesicht des Jungen und dann nickte er. Noch größer wurde die Freude des Soldaten, als Plesse zwei Zigaretten aus seiner zerknautschten Packung zog und ihm eine davon zwischen die Lippen steckte. „Da, rauch eine, Junge. Das beruhigt und lenkt von den Schmerzen ab."

Während Plesse sich daran machte, Erste Hilfe zu leisten, durchstöberte Klamm das Innere des Kampfstandes in der Hoffnung, vielleicht irgend etwas Eßbares zu ergattern. Viel gab es nicht, was seine Aufmerksamkeit auf sich zog, und was die Verpflegung anging, so hatten die Iwans offensichtlich genauso großen Kohldampf geschoben wie er im Moment. Zumindest fand er nicht einen Krümel Eßbares. Schon wollte er den Unterstand wieder verlassen, als sein Blick noch einmal auf den im Halbdunkel liegenden Toten fiel. Erst jetzt, gegen das hereinfallende Licht blickend, fiel ihm auf, daß halb unter dem Soldaten begraben eine braune Ledertasche hervorsah. Klamm bückte sich und drehte den Russen etwas zur Seite, um leichter an diese Tasche heranzukommen. Schnell lockerte er die beiden Lederriemen, mit denen die Tasche verschlossen war, öffnete sie und stieß einen leisen, freudigen Pfiff aus.

„He, Gerd, sieh dir mal an, was ich da gefunden habe!"

Mit der Tasche in der Hand kam Klamm wieder nach draußen. Plesse, der dem Jungen inzwischen einen notdürftigen Verband angelegt hatte, stand auf. „Und was ist drin?"

„Kartenmaterial", gab Klamm zurück. „Sieht so aus, als hätten wir da einen interessanten Fund gemacht. Ich glaube, der Kerl, dem sie gehört hat, war irgendein Offizier oder Kommissar." Plesse nickte und deutete auf den noch immer an der Grabenwand lehnenden Verwundeten.

„Na, dann laß uns mal den Jungen packen und die Karten so schnell wie möglich zum Chef bringen. Der wird sicher was damit anfangen können."

„Gute Arbeit, Jungens!" Oberleutnant Hauser hatte eine der Karten vor sich ausgebreitet und fuhr mit dem Zeigefinger der Rechten eine der verschiedenfarbigen Linien nach. Ganz eindeutig war darauf der Stellungsverlauf am Mühlenbach zu erkennen, und weitere Einzeichnung deuteten darauf hin, daß die Höhe nördlich Stojanowtschina tatsächlich feindbesetzt war. „Das wird unseren Alten freuen", kommentierte Hauser den Fund. Dann faltete er sie sorgfältig wieder zusammen und steckte sie in die Tasche zurück. „Lehmann!" Einer der Kompaniemelder, die sich im Hintergrund des Blockhauses aufhielten, das für den Moment als provisorischer Gefechtsstand diente, kam auf Oberleutnant Hauser zu.

„Bringen Sie das sofort zum Bataillon!" „Jawohl, Herr Oberleutnant!" Noch während der Melder abschob, wandte sich Hauser noch einmal an die beiden im Hintergrund wartenden Soldaten.

„Wirklich gute Arbeit, Jungens. Der Alte wird seine Freude daran haben. Brecht. Mal die Pulle her!" Aus dem Hindergrund kam einer der Soldaten und hielt dem Kompanieführer eine Flasche hin. „Beutewodka. Jeder einen Schluck und dann ab." Grinsend setzte Klamm die Flasche an und gab sie dann an seinen Freund weiter. Während Plesse die Flasche wieder zurückgab, drückte Hauser den beiden noch eine Packung Zigaretten in die Hand. Dann waren sie entlassen.

Um 13.15 Uhr trat das Bataillon zum weiteren Vorgehen an.

Die am Anfang so willkommene Gefechtspause war schon bald durch russische Artillerie gestört worden. Die Sowjets streuten das Waldgebiet, in dem das Regiment lag, sowie die verlassenen Stellungen mit dicken Brocken ab. Brausend kamen die schweren Granaten angeflogen und detonierten mit infernalischem Getöse. Große, alte Bäume wurden durch die Wucht der Detonationen wie Streichhölzer geknickt und durch die Luft gewirbelt. Letztlich war jeder Landser froh, endlich den Wald hinter sich zu lassen und somit aus dem Bereich der schweren russischen Artillerie zu kommen.

Aber das, was jetzt vor den Kompanien lag, war auch nicht eben dazu geeignet, die ohnehin gedrückte Stimmung der Grenadiere zu verbessern. Nachdem das Bataillon den Waldrand hinter sich gelassen hatte, wurde das Gelände vor ihm immer grundloser. Auf keiner der zur Verfügung stehenden Karten, selbst auf denen der Russen nicht, war der vor dem Bataillon liegende Sumpf eingezeichnet gewesen. Jeder einzelne Schritt kostete die vorgehenden Deutschen etliche Mühe. Das Tempo des erschwerlichen Vorrückens wurde vom aufgeweichten Boden und gluckernden Morastlöchern bestimmt. Nicht wenige der Männer versanken dabei bis an die Knie in der sumpfigen, stinkenden Brühe. Bald waren sie über und über mit Schlamm und Morast bespritzt. Und dazwischen orgelten immer wieder die Granaten der russischen Artillerie heran.

Die Sowjets begannen jetzt auch noch das Sumpfgelände wahllos abzutasten. Nur die Tatsache, daß der weiche Boden die Granaten förmlich verschluckte und so die Splitterwirkung bei nahezu Null lag, ersparte dem Bataillon unnötig hohe Verluste.

Endlich – nach gut zwei Stunden nervenaufreibender Quälerei – wurde ein schmaler Weg erreicht, der quer durch den Sumpf in Angriffsrichtung verlief. Durchnäßt von Schweiß und Sumpfwasser, betraten die Grenadiere erleichtert wieder trockenen Boden. Noch immer war vor ihnen vom Russen nichts zu sehen. Selbst das Schießen seiner Artillerie hatte in der letzten Stunde erheblich nachgelassen. Der Bataillonskommandeur ließ halten, um den Kompanien Gelegenheit zu geben, wieder aufzuschließen und sich zu ordnen. Nach kurzem Halt rückte das Bataillon entlang des Weges weiter vor. Der Boden links und rechts wurde wieder trockener und begünstigte ein rascheres Vorwärtskommen. Nach einer weiteren Stunde ohne Feindberührung ließ der Bataillonskommandeur abermals halten. Der Ort Stojanowtschina lag laut Karte nur mehr etwa eineinhalb bis zwei Kilometer entfernt. Ein Spähtrupp sollte zuerst klären, ob und wie stark die Sowjets im Ort und auf der anschließenden Höhe vertreten waren.

„Herr Major, soeben ist der von der Dritten ausgeschickte Spähtrupp zurückgekehrt!"

„Und, Ziegler? Wie sieht´s aus?"

„Es wurden mehrere Panzer und einiges an Truppen im Ort festgestellt. Außerdem scheint die Anhöhe von stärkeren sowjetischen Kräften besetzt zu sein. Zumindest darin haben die Beutekarten recht behalten. Der Spähtrupp hat eindeutig Schanzarbeiten beim Iwan festgestellt. Scheint so, als wollen sie sich dort festsetzen."

Major Kleinfeld erhob sich von dem Baumstamm, auf dem er saß, und ließ die Zigarettenkippe vor sich zu Boden fallen. Er trat sie mit der Stiefelspitze in den Boden, während er kurz zu überlegen schien. Auf Panzer war sein Bataillon im Moment überhaupt nicht eingerichtet. Wegen der schlechten Wege und des vor ihnen liegenden Sumpfes waren die Panzerabwehrwaffen noch weit zurück. Kleinfeld warf einen kurzen Blick auf seine Uhr.

„Beinahe neunzehn Uhr, Ziegler. In spätestens zweieinhalb Stunden ist es dunkel. Nach meinem Dafürhalten wird ein Angriff unter den momentan gegebenen Umständen kaum Erfolg bringen. Es wird besser sein, wir warten das Eintreffen unserer Pak ab. Außerdem möchte ich vermeiden, daß sich die Kompanien in der einbrechenden Dunkelheit zu sehr verzetteln. Weiß Gott, was der Russe an Überraschungen für uns bereithält. Lassen Sie die Kompanieführer davon in Kenntnis setzen, daß sich das Bataillon an Ort und Stelle für die Nacht zur Rundumverteidigung einrichtet. Ich werde meine Entscheidung vor dem Regiment verantworten."

„Nicht rumstehen, Männer! Seht zu, daß ihr ausreichend Deckungen für die Nacht aushebt." Überall wurden die Landser von ihren Unterführern dazu angehalten, Deckungslöcher auszuheben. Auch wenn die Sowjets in den letzten Stunden nicht mehr in Erscheinung getreten waren, konnte sich das jede Minute ändern. Inzwischen wußte man, daß der Feind gerne bei Nacht angriff und so meist das Überraschungsmoment auf seiner Seite hatte.

„Nicht nur, daß mir der Magen schon in den Kniekehlen hängt, jetzt müssen wir auch noch wühlen wie die Maulwürfe." Klamm hatte sich bereits einen Meter tief in die relativ weiche Erde gegraben. „So, das genügt!" Er warf den Spaten vor sich auf den Rand der Deckung und angelte nach der in seiner Hosentasche steckenden Zigarettenpakkung.

„Da, magst?“ Er hielt seinem Freund, der unweit von ihm schaufelte, die vor Dreck starrende Packung Zigaretten entgegen. „Wirf her“, knurrte Plesse einsilbig und fing die Packung lässig mir der Linken auf. In der Ferne wummerten unregelmäßig die Abschüsse der Artillerie, eigene und feindliche.

„Verdammt ruhig heute abend“, brachte Plesse zwischen zwei Zügen an seiner Zigarette hervor. „Hoffen wir mal, daß es so bleibt.“

„Wird schon nichts passieren.“ Reitinger war von hinten an Plesses Deckungsloch getreten. „Habt ihr mal 'ne Zigarette für mich? Meine sind durch das verdammte Sumpfwasser vollkommen aufgeweicht.“

„Da nimm!“ Klamm warf ihm seine Packung zu. „Obwohl ich für die verdammte Muni-Schlepperei eigentlich nicht auch noch bezahlen will.“

„Ich kann doch auch nichts dafür, daß der Lechner...“

„Ist schon gut, Herbert.“ Klamm winkte grinsend ab. „Ich weiß ja, wie der alte Schinder ist. Außerdem“, er grinste noch ein wenig breiter, „hat es sich ja gelohnt. Ohne die Kippen vom Alten säßen wir jetzt auch noch rauchertechnisch betrachtet auf dem trockenen. Kein Fressen, keine Kippen, aber Krieg führen“.

Hoch über ihre Köpfe hinweg orgelte in diesem Moment eine Lage der schweren russischen Artillerie und hieb weiter hinten in den Grund. Dumpfes Donnern drang zu ihnen nach vorne, dem kurz darauf ein leichtes Zittern des Bodens folgte. Reitinger nickte dazu und zündete sich die von Klamm geschnorrte Zigarette im Schutz seiner hohlen Hand an. Inzwischen war es beinahe dunkel geworden, aber noch immer ließ die Verpflegung auf sich warten. Da mit einem Heranbringen auch in den nächsten Stunden nicht zu rechnen war, die Männer nach diesem harten Tag jedoch unbedingt etwas essen mußten, wurde die eiserne Ration freigegeben.

Während die Grenadiere müde ihr Essen herunterschlangen, stiegen von Zeit zu Zeit Leuchtkugeln hoch und sanken mit ihrem flimmernden Schein langsam zu Boden. Irgendwo ratterte ein MG, und dann war wieder Ruhe. Die

Nacht mit ihren allgegenwärtigen Schatten löste den Tag nun endgültig ab.

Obwohl es den ganzen Tag über drückend heiß und schwül gewesen war, legte sich jetzt ein erster empfindlich kühler Hauch über die in ihre Zeltbahnen gewickelten Grenadiere. Feucht schlug sich die Kühle der Nacht auf den Ausrüstungsgegenständen nieder. Obwohl noch in weiter Ferne, schien der Herbst schon seine ersten Vorboten über dieses große, weite Land zu schicken. Noch ahnte keiner dieser Soldaten wirklich, was ihnen nur wenige Wochen später bevorstehen sollte.

Die meisten Landser verloren darüber jedoch keinerlei tiefergehende Gedanken. Sie versuchten vielmehr, so gut es in dieser Situation eben ging, ein wenig Ruhe im Schlaf zu finden, um so für den folgenden Tag wieder neue Kräfte zu sammeln. Selbst die nachts allgegenwärtigen Rollbahnkrähen brachten die erschöpften Soldaten nun nicht mehr aus der Ruhe. Inzwischen wußte auch der letzte deutsche Landser, daß die durch die Nacht schwirrenden Doppeldecker nur darauf lauerten, irgendwo einen Lichtschein zu erhaschen, auf den sie dann ihre Bomben werfen konnten. Wenn so ein Todesbote nicht in unmittelbarer Nähe einschlug, dann wurden die meisten Männer noch nicht einmal wach…

Der nächste Morgen brachte zunächst einmal schlechtes Wetter!

Die aufgrund der Kühle der vergangenen Nacht fröstelnden Grenadiere wurden durch einsetzenden Regen geweckt. Obwohl die panzerbrechenden Waffen noch immer nicht heran waren, herrschte jetzt bereits wieder die einem bevorstehenden Angriff eigene Betriebsamkeit. Mehrere vorgeschobene Beobachter waren beim Bataillon eingetroffen und eben dabei, per Funk Verbindung zu ihren Batterien aufzunehmen. Auch die Verpflegung war endlich nach vorne gekommen, ein Ereignis, das die Grenadiere nach einer kalten Nacht besonders freute. Auch im Bataillonsgefechtsstand herrschte seit dem frühen Morgen geschäftiges Treiben. Melder wurden zu den

Kompanien geschickt und die Kompanieführer zu Major Kleinfeld befohlen.

„Das wäre dann alles, meine Herren. Noch irgendwelche Fragen?" Der Bataillonskommandeur blickte seine Kompanieführer der Reihe nach an. Nachdem keiner sich zu Wort gemeldet hatte, wurden sie entlassen.

„Oberleutnant Hauser", hielt er den Chef der Zwoten zurück, „auf ein Wort noch. Ich hatte vorhin den Eindruck, daß Ihnen etwas an meinen Ausführungen nicht gefallen hat. Wenn es etwas mit dem bevorstehenden Angriff zu tun hat, nur heraus damit."

Oberleutnant Hauser blickte seinen Vorgesetzten erstaunt an. Waren seine Gedanken tatsächlich so klar in seinem Gesicht zu lesen gewesen? „Also?" drängte Kleinfeld.

„Darf ich frei reden, Herr Major?"

„Sie sollen sogar!"

„Ich dachte nur eben daran, daß meine Kompanie bisher die Hauptlast des Angriffes getragen hat und die Verluste daher entsprechend hoch sind. Nicht etwa, daß ich aus Feigheit oder…, aber ich trage schließlich die Verantwortung für meine Männer, und daher hatte ich …"

„Und ich trage die Verantwortung für das gesamte Bataillon", unterbrach Kleinfeld ihn barsch. „Denken Sie etwa, es fällt mir leicht, Tag für Tag meine Männer nach vorne zu schicken und zu wissen, daß am Ende des Tages wieder eine ganze Reihe ihr Leben gelassen haben oder schwer verwundet sind? Also Kleinfeld, überlassen Sie ruhig mir Ihr schlechtes Gewissen. Ich werde daran vielleicht noch schwerer tragen als Sie. Und noch etwas. Ihre Kompanie ist deshalb in der ersten Reihe, weil ich weiß, daß ich mich unbedingt auf Sie und Ihre Männer verlassen kann. So Kleinfeld, das war´s. Hals- und Beinbruch für Sie und Ihre Männer."

Noch bevor der Kompaniechef der Zwoten den Gefechtsstand verlassen hatte, wandte sich der Bataillonskommandeur wieder der vor ihm auf dem Boden ausgebreiteten Karte zu. Für Major Kleinfeld war das Thema erledigt.

Gegen Mittag trafen die letzten 3,7-cm Panzerabwehrkanone (PaK) ein.

Somit verfügte das Bataillon wieder über seine Panzerabwehrwaffen.

Um 16.30 Uhr sollte das Bataillon nach einem mehrminütigen Feuerüberfall der Artillerie zum Angriff antreten. Dabei fiel Oberleutnant Hausers Kompanie die Aufgabe zu, in Stojanowtschina von der rechten Flanke her einzudringen. Während die Erste den Ort frontal angehen sollte, wurde die Vierte auf den Höhenzug angesetzt. Die 3.Kompanie blieb zunächst in Reserve.

Die letzten zweihundert Meter hatten sich die Grenadiere mit äußerster Vorsicht dem nahe am Dorf verlaufenden Waldrand genähert. Von hier aus waren es kaum noch hundert Meter bis zu den ersten aus Holz zusammengezimmerten Gebäuden. Reitinger schob sich mit seinem MG durch das am Waldrand dicht wachsende Unterholz. Links und rechts von ihm krochen die anderen Kameraden an den Waldrand heran. Nur noch wenige Minuten blieben bis zum vereinbarten Feuerschlag der Artillerie. Angestrengt spähten die Grenadiere nach vorne. Obwohl der Ort zum Greifen nahe vor ihnen lag, wirkte er beinahe wie ausgestorben. Nur vereinzelt konnte man Rotarmisten sehen, die irgendwelchen Beschäftigungen nachgingen. An Befestigungen war zunächst nichts auszumachen. Selbst von den gestern gemeldeten Panzern war nichts zu erkennen. Hin und wieder bellte ein Hund, doch alles in allem wirkte der Anblick beinahe friedlich.

„Das kann täuschen", flüsterte Leutnant Brandel, der neben Lechner lag. Angestrengt beobachtete er weiter durch sein Glas. „Dort drüben, zwei Finger breit links neben der Scheune", er deutet in die Richtung, die er meinte, „könnte eventuell eine MG-Stellung sein." Er hielt dem Unteroffizier sein Glas hin und wartete, bis sich der Gruppenführer vergewissert hatte.

Lechner nickte und gab das Glas zurück. „Wäre logisch. Von dort aus kann man sicher den gesamten Dorfeingang überblicken. Würde mich nicht wundern, wenn dort nicht auch irgendwo eine Pak rumsteht. Die könnte der Ersten ziemlich zu schaffen machen."

Brandel warf einen Blick auf seine Uhr. „Noch zwei Minuten, Lechner. Sie halten sich mit Ihrer Gruppe bei mir. Wir werden uns um die MG-Stellung kümmern."

Dumpfe Abschüsse in ihrem Rücken und unmittelbar darauf einsetzendes Brausen in der Luft ließen den Leutnant verstummen. Donnernd hieben die ersten Lagen der Artillerie vor ihnen in das Dorf und rissen erdbraune Fontänen nach oben. Dann ging es Schlag auf Schlag!

Abschüsse und das Donnern der Explosionen wurden eins!

Balken, Stroh und Mauerbrocken wirbelten durch die Luft. Gellende Schreie getroffener Menschen verloren sich Sekunden später schon wieder im Tosen der Granaten. Eine gewaltige Detonation im Inneren des Dorfes ließ die Erde regelrecht erbeben. Ein riesiger Rauchpilz, grellorange in seinem Zentrum, quoll empor. Offensichtlich war ein Munitionslager der Sowjets getroffen worden. Binnen weniger Sekunden hatte sich das eben noch friedliche Bild in einen brodelnden Hexenkessel, in dem unablässig Blitze aufzuckten, verwandelt. Die ersten Häuser fingen Feuer und untermalten mit ihrem rötlichen Schein die grellen Blitze der Detonationen. Fünf Minuten, vielleicht auch etwas länger, wütete das Feuer der Feldhaubitzen zwischen den Gebäuden. Dann sprang es an das gegenüberliegende Dorfende. Zeitgleich brachen überall die Grenadiere aus ihren Bereitstellungen hervor und stürmten dem in Rauch und Staub gehüllten Dorfrand entgegen. Noch immer war auf gegnerischer Seite kein Schuß gefallen.

„Mir nach!" brüllte Brandel. Er stürmte, die Maschinenpistole (MPi) mit beiden Händen gepackt, Lechners Gruppe voraus, dorthin, wo er im Qualm der brennenden Scheune die MG-Stellung vermutete. Jetzt setzte erstes Schützenfeuer im Bereich der 1. Kompanie ein. Auch aus Richtung der Anhöhe war Gefechtslärm zu vernehmen. Das charakteristische Tackern eines Maxim wurde vom nervösen Rattern eines MGs 34 beantwortet. Die eigene Artillerie stellte das Feuer ein, um die vorrückenden Grenadiere nicht zu gefährden. Langsam senkte sich der aufgewirbelte Staub. Dadurch wurde die Sicht zusehends besser.

Die Gruppe um Leutnant Brandel trennte jetzt nur noch ein paar Meter von den ersten Gebäuden. Genau in diesem Augenblick begann vor ihnen irgendwo ein Maxim sein behäbig wirkendes Tackern.

„Dort drüben, Reitinger!" brüllte Lechner durch den lauter werdenden Gefechtslärm. „Schon gesehen", gab Reitinger zurück und warf sich mit seinem MG in Stellung. Kaum einen Augenblick später schnurrte die Waffe den ersten Feuerstoß hinaus. Mit tödlicher Präzision steppten die Einschläge am Boden entlang, direkt auf die feindliche MG-Stellung zu. Doch die Russen hatten ihren Gegner bemerkt!

Geistesgegenwärtig rissen sie ihre Waffe von der Brustwehr herunter. Ohne Schaden anzurichten, strich die Garbe aus Reitingers MG über die feindliche Brustwehr hinweg.

„Los, weiter links! Dort, hinter dem brennenden Haus rennen ein paar Iwans!" Scholz hieb seinem Freund gegen den Oberarm und deutete in jene Richtung, die er meinte. Reitinger riß die Waffe herum und zog durch. Sein Feuerstoß saß direkt zwischen den durch dunklen Rauch vorüberhastenden Gestalten. Die vordersten der Männer wurden von der Garbe erwischt und zu Boden gerissen. Die anderen drehten um und verschwanden augenblicklich wieder hinter dem Haus. Rrrt, rrrt. Vor ihnen schlugen kleine Fontänen aus dem Boden. Rrrt. Die nächste Serie lag schon näher. Hinter ihnen brüllte einer der Männer vor Schmerz laut auf. Die feindliche MG-Bedienung hatte ihre Stellung gewechselt und nahm den Feuerkampf wieder auf, keine dreißig Meter von ihnen entfernt.

Doch schon im nächsten Augenblick wirbelten zwei Handgranaten in Richtung des russischen MGs. Zwei Detonationen erfolgten, und noch während die Staubwolke in sich zusammensank, ratterte Reitingers MG einen langen Feuerstoß gegen das Maxim. Links von ihnen stürmten mehrere Grenadiere vorwärts. Noch eine Handgranate hinterher, aber das MG schwieg bereits. Von überall drang der Gefechtslärm heran. Die Erste war dank des Flankenangriffs der Zwoten schon beinahe bis zur Mitte des Dorfes vorgedrungen. Überraschenderweise zeigten die Sowjets weniger Widerstandskraft, als allgemein angenommen worden war. Auch von den am Vortag festgestellten Panzern war weit und breit nichts zu sehen. Die wenigen Widerstandsnester in der Dorfmitte und zum Dorfausgang hin waren auch sehr schnell genommen. Bereits eine halbe Stunde später war das Bataillon im Besitz von Dorf und Höhe. Etwa sechzig Sowjetsoldaten wurden gefangengenommen und nach hinten abgeführt. Die Verluste des Bataillons hielten sich dabei, gemessen am ersten Angriffstag, zum Glück in Grenzen. Dennoch gab es zwei Tote und einige Schwer- und Leichtverwundete.

„Kompanieführer zum Bataillonsgefechtsstand!"

Noch vor dem Dunkelwerden befahl Major Kleinfeld seine Kompanieführer zu sich. Der Bataillonsgefechtsstand war am Fuß der Anhöhe eingerichtet worden. Ein Steilhang, in den mehrere Vorratskeller getrieben waren, bot sich für diesen Zweck an. Hier war zumindest eine gewisse Sicherheit vor dem zu erwartenden schweren Artilleriefeuer der Russen gegeben.

„Die Sowjets werden sich bestimmt nicht so leicht mit dem Verlust der Höhe abfinden", begann Major Kleinfeld. „Irgendwo muß der Iwan seine Panzer ja untergebracht haben! Ich erwarte daher bereits für heute nacht einen Gegenangriff der Sowjets. Sehen Sie also zu, daß Ihre Leute so schnell und tief wie möglich in den Boden kommen. Egal, wie müde die Kerle sind. Es kann nicht angehen, daß ich auf deckungslos im Gelände verteilte Gruppen treffe, nur weil einige Herren Unterführer offensichtlich der Meinung waren, der Russe werde schon nicht angreifen. Ich will mir hinterher gar nicht vorstellen, was gewesen wäre, wenn."

Major Kleinfeld hatte sich in Rage geredet, und in solch einer Situation war es vernünftiger, erst gar nicht den Versuch zu unternehmen, widersprechen zu wollen. Immerhin hatte der Alte ja recht mit dem, was er sagte. „Also, meine Herren Kompanieführer, erst die Deckung, dann die Verpflegung, haben wir uns verstanden? Ich will auf keinen Fall noch einmal so eine Sauerei wie heute nacht erleben."

„Jawohl, Herr Major", kam es wie aus einem Mund zurück.

„Und jetzt zum erwarteten Gegenangriff des Iwan. Nach letzten Meldungen vom Regiment hat der Russe starke Kräfte an der Rollbahn Richtung Luga zusammengezogen." Kleinfeld deutete auf die an einer Wand aufgehängte Karte, an der die vom gelblichen Licht mehrerer Kerzen projizierten Schatten der Anwesenden wie Zerrbilder tanzten.

„Eigene Luftaufklärung hat dort vor etwa einer halben Stunde mindestens eineinhalb bis zwei Bataillone Infanterie und eine ganze Anzahl an Panzern und gepanzerten Fahrzeugen festgestellt", er deutete auf die Stelle der Karte, an der sein Bataillon saß. „Ich brauche Ihnen sicher nicht erst zu sagen, daß dies keine leichte Angelegenheit für uns werden wird."

„Herr Major!" Oberleutnant Ziegler kam in den Gefechtsstand gestürzt. „Eben meldet die Dritte, daß sich vor dem Kompaniebereich, dem Lärm nach zu urteilen, mehrere Panzer bereitstellen. Sieht so aus, als ob sich der Iwan das verlorene Gelände zurückholen will."

Noch bevor Major Kleinfeld etwas erwidern konnte, war Hauptmann Stolz aufgesprungen. „Herr Major, ich glaube, es wird besser sein, wenn ich mich auf den Weg zu meiner Kompanie begebe."

„Selbstverständlich", stimmte Kleinfeld zu. „Ich werde sofort veranlassen, daß Ihrem Bereich zwei Paks zugeführt werden."

„Danke, Herr Major. Die werden wir sicher dringend brauchen". Noch ein kurzer Gruß, dann war Scholz aus dem Vorratskeller gestürmt.

„Meine Herren, ich glaube, es wird das beste sein, wenn auch Sie sich zu Ihren Kompanien zurückbegeben. Und denken Sie daran: Sehen Sie zu, daß Ihre Leute so tief wie möglich in die Erde kommen, bevor der Iwan ihnen Dampf unter dem Hintern macht. Sehen wir alle zu, daß wir diese Nacht so gut wie möglich hinter uns bekommen."

„Bei der Dritten hat der Iwan schon mit Panzern angegriffen, habe ich gehört." Künzel war eben zusammen mit einem weiteren Schützen von der Essenausgabe zurückgekommen. „Soll dort ganz schön geknallt haben. Unsere Leute von der Panzerjägerei hatten wohl alle Hände voll zu tun, um dem Iwan die Stahlkästen unbrauchbar zu machen." „War ja nicht zu überhören", meinte Scholz. „Hoffen wir nur, daß er für den Rest der Nacht Ruhe gibt. Ich hab´ absolut keine Lust, von so einem Riesending auf die Rolle genommen zu werden. Wenn ich mir überlege, daß bei uns gerade mal zwei Kanonen rumstehen, dann kann einem ja angst und bange werden."

„Wundert mich nicht!" mischte sich Klamm, mit vollem Mund kauend, ein. „Vor allem wenn man bedenkt, mit was für einem Spielzeug sich die Kumpels hinter uns eingenistet haben. In deren Haut möchte ich aber auch nicht stecken. Mit diesen kleinen Kanönchen haben sie ja schon beim Franzmann jede Menge Schwierigkeiten bekommen. Wenn die mit einem ihrer größeren Kästen angerollt sind, dann war aber was geboten bei uns. Ich weiß noch, wie..."

„Laß gut sein, Franz", unterbrach ihn Scholz. „Wir waren schließlich auch mit dabei, falls du dich daran erinnern kannst. Zum hundertsten Male will nun wirklich keiner mehr hören, was damals war."

„Dann eben nicht." Klamm stellte sein Eßgeschirr beleidigt zur Seite. „Ich dachte ja nur an die Neuen unter uns."

„Na, die werden schon noch früh genug erfahren müssen, wie es ist, einem Panzer gegenüberzustehen. Da, rauch´ eine Zigarette." Scholz hielt ihm seine Zigarettenpackung hin. Nach und nach zündeten sich auch die anderen Landser einen Glimmstengel an und genossen es jetzt, wieder einen gesättigten Bauch zu haben und noch immer am Leben zu sein...

Das wieder aufflackernde Artilleriefeuer und die unregelmäßig auf ihre Stellungen einhauenden Granaten störten sie dabei wenig. Da und dort wurde auch noch bei Dunkelheit geschanzt, aber der größte Teil der Kompanie war schon in den Schützenlöchern verschwunden. Vorerst konnten sich alle, bis auf die ausgestellten Horchposten, ein wenig von den Strapazen des vergangenen Tages erholen.

Nach einem eher verregneten Tag war nun eine sternenklare Nacht angebrochen, und jeder, der nicht gerade mit Postenstehen beschäftigt war, versuchte, eine Mütze voll Schlaf zu bekommen, denn soviel war klar: Der nächste Tag würde ganz sicher einen Gegenangriff der Sowjets bringen! Die Abfuhr, die sich die Roten im Bereich der 3. Kompanie geholt hatten, würden sie sicher nicht auf sich sitzenlassen. Aus den Wäldern und von der Rollbahn Richtung Luga drang immer wieder der an- und abschwellende Lärm schwerer Motoren herüber. Ein eindeutiges Indiz dafür, daß die Sowjets die Nacht dazu nutzten, Verstärkungen nach vorne zu bringen. Geschützt durch die herrschende Dunkelheit, blieben die im Anmarsch befindlichen Teile des Feindes vor der deutschen Luftaufklärung verborgen. Niemand in den Bataillonsstäben hatte eine wirkliche Ahnung davon, was auf das Regiment zukam. In der Morgendämmerung war es dann soweit!

Mit dem ersten Licht des anbrechenden Tages tauchten zunächst vor den Stellungen der Zwoten acht BT-7 auf. Erst noch etwas unsicher wirkend, tasteten sich die stählernen Kampfwagen durch den Wiesengrund näher. Ihre Ketten pflügten durch das Gras und hinterließen tiefe Furchen in der nassen, schweren Erde. Grasschollen wurden nach hinten weggeschleudert, und jedes Mal, wenn eine der Tankkisten, bedingt durch den schweren Boden, mehr Gas geben mußte, knallten Fehlzündungen, und schwarzer, öliger Qualm quoll aus den Auspuffrohren. Hinter und neben den Panzern liefen ganze Trauben von Rotarmisten. Was da auf die Stellung der Zwoten unaufhaltsam zukam, waren sicherlich zwei oder gar drei Kompanien.

„Nur die Ruhe, Männer“, redete Unteroffizier Lechner mit ruhig wirkender Stimme auf seine Leute ein. „Geschossen wird erst, wenn der Chef es sagt! Es ist nur wichtig, daß wir die Iwans von den Panzern trennen. Um die Panzer brauchen wir uns nicht zu kümmern. Mit denen wird unsere Pak schon fertig.“

„Na, hoffentlich!“ gab Krabowski zurück.

Die Panzer waren zwischenzeitlich auf ungefähr zweihundert Meter herangekommen. Das Klirren und Quietschen der Gleisketten zerrte erheblich an den Nerven der Grenadiere. Vor allem diejenigen unter ihnen, die bisher noch keinen Panzerangriff miterlebt hatten, mußten in diesen Minuten ihren ganzen Mut zusammennehmen, um vor den anwalzenden Kolossen nicht Fersengeld zu geben. Ganz deutlich konnte man jetzt schon den schwarzen Qualm aus den Auspufftöpfen erkennen, wenn die Fahrer einen anderen Gang einlegten. Noch etwa einhundertfünfzig Meter! Das dumpfe Dröhnen der Motoren fraß sich regelrecht in die Gehirne der Männer. Suchend drehten sich bei einigen der Kampfwagen die Türme nach links und rechts. Offensichtlich hatten die Kommandanten noch immer keine Ahnung, wo sich die Stellungen der Deutschen befanden. Noch einhundertzwanzig Meter. Noch einhundert Meter. Der Lärm war nun ohrenbetäubend geworden. Über den deutschen Linien stiegen mehrere grüne Signalpatronen in den blaßgrauen Himmel. Gleichzeitig setzte das befreiende Hämmern der Maschinenwaffen ein. Trokkene Abschüsse der Pak mischten sich mit dem Ploppen der Granatwerfer und dem Brausen der ersten Lage der Artillerie. Schon spritzten Erdfontänen zwischen den vorgehenden Russen auf und rissen einige der erdbraunen Gestalten zu Boden oder hoben sie hoch in die Luft, um sie dann gleich einer Puppe irgendwo hinzuwerfen. Trotz des Sperrfeuers, das die eigene Artillerie über den Wiesengrund legte, drang der Feind unerbittlich weiter vor. Immer wieder wurden ganze Gruppen zu Boden gerissen, doch die anderen kamen, aufspringend und sich immer wieder in Deckung werfend, unaufhaltsam Meter für Meter näher. Jetzt wurde einer der Tanks von der stählernen Faust einer Artilleriegranate getroffen und zerbarst mit einem lauten Donnerschlag. Ungeachtet dessen rollten die anderen weiter und kamen so den ersten Deckungslöchern der Deutschen bedrohlich nahe.

Reitinger hatte einen direkt auf die Stellung seiner Gruppe zuhaltenden Panzer anvisiert. Plötzlich war alle Nervosität von ihm abgefallen. Es existierte in diesem Augenblick nur noch die Waffe an seiner Schulter und der auf sie zuhaltende Panzer. Auf dem Stahlungeheuer kauerte eine ganze Traube Rotarmisten, und hinter ihm her rannten unzählige weitere Männer.

Endlich kam der erlösende Befehl zu feuern! Gleich dem Obergefreiten zogen die Soldaten durch und schickten dem anstürmenden Feind einen tödlichen Hagel aus Infanteriegeschossen entgegen. Mit tödlicher Präzision zog die Leuchtspur von Reitingers MG dem Panzer entgegen und fegte schon im ersten Feuerstoß die auf dem Panzer kauernde feindliche Infanterie herunter. Blitzschnell visierte er sein nächstes Ziel an. Es ging jetzt nur darum, die Begleitinfanterie von den Kampfwagen zu trennen. Denn ohne den Schutz ihrer Infanterie waren die stählernen Kolosse sehr viel anfälliger für beherzte Männer mit geballten Ladungen. Sollten die Kampfwagen trotz Pak- und Artilleriefeuer nicht vor der eigenen Hauptkampflinie zum Stehen kommen, hatten die Grenadiere den Befehl, sich überrollen zu lassen. Danach war es die Aufgabe der bereitstehenden Panzervernichtungstrupps, den durchgebrochenen Feind zu bekämpfen. Aber noch war es nicht soweit.

Die am Vorabend nach vorne gebrachte Pak hatte inzwischen ebenfalls in den Kampf eingegriffen. Ihr trockenes Knallen sandte den russischen Kampfwagen den Tod entgegen. Die ersten Einschläge lagen noch zu kurz. Vor zwei der anrollenden Tanks hieben die Granaten in die Erde. Aber die Männer an den Kanonen bewiesen jetzt gute Nerven! Hunderte Male geübt, saß nun jeder Handgriff, und schon die nächsten Abschüsse saßen deckend. Noch bevor der helle Knall der Explosion richtig heran war, knallte es hinter den Stellungen der Grenadiere abermals. Ein klingendes Geräusch zeigte an, daß die Granaten getroffen hatten. In kurzen Abständen verließen weitere Granaten die Rohre. Die Grenadiere in ihren Löchern konnten sehen, wie mehrere Treffer erzielt wurden, die aber allesamt wirkungslos zu bleiben schienen. Dann endlich blieb der erste Panzer mit zerschossener Kette manövrierunfähig liegen. Die nächsten beiden Schüsse brachten ihn endgültig zum Schweigen. Schwarzer Qualm stieg aus einer der aufgeflogenen Luken, und einen Augenblick später schoß eine mehrere Meter hohe Stichflamme daraus hervor.

Innerhalb weniger Minuten fielen auf diese Weise drei der gegnerischen Panzer der eigenen Pak zum Opfer. Auch die MGs der Kompanie hatten ganze Arbeit geleistet!

Haufen gefallener oder schwerverwundeter Rotarmisten bedeckten den Boden des Vorfeldes. Dazwischen versuchten nun viele der bewegungsfähigen Verwundeten kriechend in ihre Ausgangsstellungen zurück zu gelangen. Der Angriff war sichtlich ins Stocken geraten und brach dann unvermittelt in sich zusammen. Verfolgt vom Feuer der Deutschen, suchten die noch kampffähigen Rotarmisten ihr Heil in der Flucht, was sich auch unmittelbar auf die noch verbliebenen Panzer auswirkte. Ohne Infanterie-Deckung war ein weiteres Vorgehen der Kampfwagen gegen die deutschen Stellungen kaum mehr als ein Himmelfahrtskommando.

So wendeten auch die Panzer und walzten, ohne dabei auf die überall am Boden liegenden Verwundeten zu achten, schwerfällig davon. Der Angriff der Sowjets war mit für den Gegner großen Verlusten abgeschlagen worden. Überall entlang der Stellung erscholl jetzt das Freudengebrüll der Grenadiere über den eben siegreich ausgefochtenen Abwehrkampf. Aber die Freude über den Erfolg war leider nur von kurzer Dauer.

Der Russe ließ keine zehn Minuten verstreichen, bis es über den Köpfen der Landser bedrohlich heranrauschte. In der nächsten Sekunde donnerten die ersten Lagen der feindlichen Batterien auf die Stellungen herab. Darunter auch ganz schwere Brocken einiger Mörserbatterien, die von Luga her schossen. Die Sowjets „bedankten" sich mit diesem mörderischen Artilleriefeuer aller Kaliber für die eben erhaltene Abfuhr. Über eine halbe Stunde trommelte der Feind auf die Stellungen des Bataillons und forderte dabei einen nicht unbeträchtlichen Blutzoll unter den Deutschen.

Zwei Stunden später versuchte es der Iwan im Bereich der dritten Kompanie mit mehreren Panzern und Infanterie in Bataillonsstärke. Auch dieser Angriff wurde von den Grenadieren blutig abgewiesen, was allerdings einen weiteren Feuerschlag der feindlichen Artillerie zur Folge hatte. Bis zum Nachmittag desselben Tages ging es in dieser Reihenfolge weiter. Immer wieder griffen die Sowjets mit Panzerunterstützung an, und immer wieder holten sie sich dabei eine Abfuhr. Doch auch bei den einzelnen Kompanien des Bataillons mehrten sich die Ausfälle. So forderte beispielsweise ein Volltreffer einer schweren russischen Granate in den Kompaniegefechtsstand der Vierten zwei Tote und vier Schwerverletzte. Einer der Toten war der Kompanieführer.

„Mensch, wenn die so weitermachen, dann liegt dort draußen bald eine ganze Division!" Klamm zündete sich mit fahrigen Bewegungen eine Zigarette an. Eben hatten sie mit Müh' und Not wieder einen Angriff der Russen abgeschlagen. Im Vorfeld brannten mehrere von der Pak abgeschossene Panzer, und auch zwei vom morgendlichen Angriff qualmten noch immer. Der Wiesengrund war übersäht mit Granattrichtern der eigenen Artillerie, die in jeden Angriff der Sowjets erbarmungslos hineinschoß. Aber auch in den eigenen Stellungen sah es nicht besser aus. Überall waren neu aufgeworfene Trichter zu sehen. Auch eines der beiden Pak-Geschütze war dem letzten Panzerangriff zum Opfer gefallen. Die rings um die Geschützstellungen aufgewühlte Erde zeigte, daß es im Duell Pak gegen Panzer nur noch eine Frage der Zeit war, bis es auch das zweite Geschütz erwischen würde.

„Dort liegen doch bestimmt Hunderte Tote?" meinte einer der Jungen, während er wie gebannt auf das im Wiesengrund herrschende Chaos starrte. Ein nervöses Zucken lief durch sein angespanntes Gesicht, und der nervös auf- und niederzuckende Adamsapfel zeigte deutlich, wie es um diesen jungen Mann bestellt war. „Da, Friedrich, rauch' eine Zigarette. Das beruhigt." Klamm hielt dem Schützen die Packung hin. „Wird bestimmt nicht der letzte Angriff gewesen sein für heute. Der Iwan scheint verdammt zäh zu sein, wenn er etwas will."

„Ich habe eher der Eindruck, daß es die Führung bei denen nicht die Bohne interessiert, ob an einem Tag Hunderte oder Tausende ihrer Leute fallen", meinte Reitinger. Der

Obergefreite war eben dazugekommen und hatte so den Rest ihres Gespräches gehört. Reitinger setzte sich neben Klamm auf eine der leeren Handgranatenkisten.

„Das ist doch nicht normal, wie die ihre Männer in unser Feuer treiben.“ Klamm nickte zustimmend. Er ließ die Zigarettenkippe fallen und trat sie mit der Stiefelspitze aus. „Ich habe vorhin genau gesehen, wie einer bei den Russen mit der Pistole herumgefuchtelt hat. Der Kerl hat dann doch tatsächlich auf eine Gruppe geschossen, die nicht mehr weiter wollte. Ich glaub´, die interessiert das Leben ihrer Soldaten nicht im geringsten.“

„Kein Wunder“, erwiderte Reitinger. „Die haben ja auch mehr als genug davon. Und so wie es aussieht, reißt der Nachschub noch immer nicht ab.“ Er deutete mit dem Kopf nach rechts, wo deutlich hörbar wieder Kampflärm bei der Nachbarkompanie aufflackerte.

„Ist wohl besser, ich verschwinde wieder zu meiner Spritze. Sicher versucht es der Iwan auch bei uns nochmal.“

Noch während Reitinger zu seiner Stellung hastete, heulten schon wieder die Lagen der feindlichen Batterien heran. Mit den Einschlägen der ersten Granaten hechtete sich der Obergefreite in den Graben. Für die Dauer der nächsten zwanzig bis dreißig Minuten schien abermals die Welt untergehen zu wollen!

In dichter Folge schlugen die Granaten der feindlichen Artillerie in die Stellungen der Kompanien und deren nächstes Umfeld ein. Wieder und wieder wurde die schon zigmal umgegrabene Erde aufgerissen. Glühende Splitter zischten durch die Luft und hieben klatschend in Baumstämme oder fuhren in menschliche Leiber! Häßlichste Verletzungen, Verstümmelungen oder oft genug gar den Tod im Gepäck. Wie sooft in den letzten vierundzwanzig Stunden waren laute Rufe nach dem Sanitäter zu hören. Doch das vom Feind ausgelöste Stahlgewitter erstickte regelrecht die verzweifelten Angst- und Schmerzensschreie der vielen Verwundeten und Sterbenden. Die Erde bebte, grollte und schien selbst die gleichen Schmerzen zu erdulden wie diejenigen, die sich in sie hineinwühlten, um dem um sie herrschenden Totentanz zu entkommen. Der gefürchtete Mann mit der Sense hielt reiche Ernte, und das auf beiden Seiten der Front.

Hier, nicht weit von Luga entfernt, bekamen die Grenadiere der SS-Polizei-Division das erste Mal eine gewisse Ahnung von dem, was sie bei ihrem weiteren Vormarsch auf Leningrad noch erwarten würde. Denn eines war ihnen inzwischen vollkommen klar: Ganz so einfach, wie es vielleicht zu Beginn des Feldzuges noch ausgesehen hatte, würde sich der Russe nicht geschlagen geben. Hier stand den Deutschen ein sehr viel entschlossenerer Gegner gegenüber als im Polen- oder Frankreichfeldzug. Der russische Soldat war es immer schon gewohnt, Leid und Entbehrungen auf sich zu nehmen, ohne sich groß darüber zu beklagen. Er konnte körperlich leiden und geduldig warten.

Dem roten Regime in Moskau standen schier unerschöpfliche Reserven an Menschen zur Verfügung, die von den Machthabern im Kreml ohne Wenn und Aber eingesetzt wurden. Die Stunde der Vergeltung würde kommen. Wenn nicht heute, dann morgen! Wenn nicht in diesem Jahr, dann eben im nächsten. Das Land war weit, und die Rüstung begann eben erst auf vollen Touren zu laufen. Sobald die Rückverlegung kriegswichtiger Betriebe hinter den Ural gänzlich abgeschlossen war, würden dort ungeahnte Mengen an Waffen und Material vom Band laufen. Es galt lediglich, dem entschlossenen Eindringling lange genug Widerstand entgegenzusetzen.

Die Weiten des russischen Landes waren schier unermeßlich und vermochten die Heere fremder Eroberer regelrecht in sich aufzusaugen wie ein Schwamm. In diesen Tagen machten die SS-Grenadiere auch das erste Mal die Erfahrung, was es bedeutete, wenn der Feind aus dem sprichwörtlichen vollen schöpfen konnte. Nicht nur Massen an Infanterie standen den deutschen Soldaten gegenüber, sondern auch eine bis dahin noch nicht erlebte Konzentration an Artillerie. Den Sowjets schien offensichtlich ein unerschöpflicher Vorrat an Munition zur Verfügung zu stehen, von dem sie natürlich auch reichlich Gebrauch machten.

Noch weitere zwei Tage mußten die Regimenter der SS-Polizei-Division in ihren Stellungen ausharren und die immer wieder vorgetragenen Angriffe der Russen abwehren. Erst am 15. August hieß es: „Der Angriff geht weiter!"

Geplant war, die in und um die Festung Luga liegenden sowjetischen Truppen einzukesseln, ein Unternehmen, das allerdings alles andere als einfach werden würde. Die innerhalb des geplanten Kessels stehenden gegnerischen Kräfte waren noch immer erheblich. Die Sowjets saßen in bewaldetem Gelände in überaus gut angepaßten Stellungen. Ausgedehnte Minenfelder taten ein übriges, um den Deutschen ihren Angriff auf Luga zu erschweren. Dennoch, trotz heftigen Widerstandes gelang es, die links der Seenenge Bol.Talon – Tscherjemjenjetzkoje-See gelegene Rollbahn nach Luga und das dort befindliche Barackenlager in Besitz zu nehmen. Was sich hier so einfach anhört, war in der Realität mit schweren Kämpfen und blutigen Verlusten auf beiden Seiten verbunden. Am 17. August wurde das Barackenlager beiderseits der Rollbahn genommen. Sofort einsetzende, heftige Gegenangriffe der Russen brachten es jedoch mit sich, daß die Stellungen nicht zu halten waren und wieder aufgegeben werden mußten. Am 18. August traten die Kompanien erneut zum Angriff auf das Lager an, infolgedessen der sich heftig zur Wehr setzende Gegner zum Teil im Nahkampf endgültig aus seinen Stellungen geworfen wurde. Das rechts der Seenenge gelegene Ropti wurde am folgenden Tag genommen. Meter für Meter kämpften sich die Kompanien gegen einen sich zäh verteidigenden Feind vorwärts. Mit jeder weiteren Stunde schloß sich der Kessel um den Gegner enger. Überall unternommene Ausbruchsversuche der Sowjets wurden in teils überaus heftigen Gefechten abgewiesen.

Am 21. August wurde die SS-Polizei-Division im Rahmen der Neugliederung des L.Armeekorps aus ihren bisherigen Stellungen herausgelöst. Die Stellungen der Division wurden von der 269.Infanteriedivision übernommen. Die SS-Polizei-Division bereitete jetzt ihren Angriff von Osten her auf Luga vor. Die Regimenter marschierten nach dem

Überqueren der Luga entlang des Flusses weiter Richtung Luga-Stadt, die am 23. August angegriffen und genommen werden sollte.

„Herr Major!“ Oberleutnant Ziegler kam in den Bataillonsgefechtsstand gestürmt. „Soeben ist ein Spähtrupp der Aufklärungsabteilung zurückgekommen. Die Männer haben einen unversehrten Übergang über den Fluß gefunden.“

„Was?“ Major Kleinfeld, der eben dabei gewesen war, die Verlustmeldungen des vergangenen Tages durchzusehen, war überrascht aufgesprungen. „Wo ist der Spähtruppführer? Er soll mir auf der Karte zeigen, wo genau sich diese Brücke befindet.“

„Hier, Herr Major!“ Der Unteroffizier deutete mit dem Zeigefinger auf einen Punkt, der inmitten des östlichen Vorortes von Luga lag. „Dort führt von der Straße Turowo – Luga ein Feldweg weg, der bis an den Ostrand der Stadt heranreicht. Wir sind dann weiter durch den Vorort gegangen, ohne dabei auf den Iwan zu stoßen, und dann direkt an der Brücke rausgekommen. Es ist zwar nur eine kleine Holzbrücke über die Luga, mehr eine Art Überweg für Fußgänger und Pferdefuhrwerke, aber für unser Vorhaben vollkommen ausreichend. Und jetzt das Beste, Herr Major. Wir sind über die Brücke rüber und bis zu den ersten Häusern auf der anderen Seite. Wir haben nirgends einen einzigen Iwan gesehen. Die ganze Gegend scheint wie ausgestorben. Die haben nicht eine der Stellungen besetzt.“

„Was sagen Sie da, Mann?“ Kleinfeld hatte ruckartig den Kopf gehoben und starrte den Unteroffizier ungläubig an. „Keine Russen? Mensch, wenn das stimmt. Das ist ja wie ein Geschenk des Himmels.“ Kleinfeld hatte vor Aufregung einen roten Kopf bekommen. Offensichtlich hatte so etwas wie Jagdfieber vom Major Besitz ergriffen. Er wandte sich an den neben ihm stehenden Bataillonsadjutanten.

„Ziegler!“ „Jawohl, Herr Major.“

„Sofort zur Zwoten. Die sind am nächsten dran. Hauser soll mit seinen Leuten auf der Stelle bis an die Brücke vor und, wenn möglich, gleich auf die andere Seite. Die Leute sollen sich an Munition aufpacken, was nur geht. Nehmen

Sie den Unteroffizier mit. Er soll Hausers Männer an die Brücke führen. Sie bleiben vorne, bis das Bataillon eintrifft. Mensch, das wäre ja ein Ding, wenn wir einfach so nach Luga reinkämen."

Noch während der Adjutant und der Spähtrupp abzogen, klemmte sich Kleinfeld persönlich an das Telefon, um die Neuigkeit beim Regiment vorzutragen. Daraufhin wurde vom Regiment der augenblickliche Angriff auf Luga befohlen. Der Regimentskommandeur begab sich sofort nach Erhalt der Nachricht nach vorne, um mit seinen Männern in Luga einzudringen.

„Auf Männer, jetzt geht's um die Wurst!"

Oberleutnant Hauser trieb seine Leute zur Eile an. „Ihr wißt, um was es geht. Packt euch soviel Munition auf, wie ihr nur schleppen könnt. Es wird sicher verdammt heiß hergehen, wenn wir erst über den Fluß sind."

Seit Oberleutnant Ziegler zusammen mit dem Spähtruppführer aufgetaucht war, hatte sich eine betriebsame Hektik ausgebreitet. Der Faktor Zeit war jetzt das Wichtigste. Wenn der Russe seinen Fehler bemerkte, bevor die Kompanie an der Brücke angelangt war, dann hatte man eine überaus günstige Gelegenheit nutzlos vertan. Alles mußte jetzt sehr schnell vonstatten gehen.

Es waren ungefähr zwei Kilometer vom jetzigen Standort der Kompanie bis hin zur Übergangsstelle, nicht viel, vorausgesetzt, es hätten Fahrzeuge zur Verfügung gestanden. So aber kam es auf die Schnelligkeit jedes einzelnen Soldaten an. Der Bataillonsadjutant hatte daher entschieden, noch bevor die Kompanie abmarschbereit war, eine Gruppe sofort nach vorne zu werfen.

„Los, schneller!"

Unteroffizier Lechner hetzte seine Männer. „Alles Unnötige zurücklassen. Die Kumpels bringen euch euer Zeug schon mit. Stopft euch lieber die Taschen mit Munition voll." Kaum daß die Soldaten ihre Waffen aufgenommen und sich mit Munition vollgepackt hatten, stürmte der Unteroffizier auch schon los. Neben ihm rannte der Spähtruppführer zusammen mit Oberleutnant Ziegler. Lechners

Gruppe mußte jetzt so schnell wie möglich die Brücke erreichen und auf der anderen Seite einen ersten Brückenkopf errichten. Vom Zugführer war ihnen noch ein weiteres MG samt Bedienung als Verstärkung mitgegeben worden. Die Kompanie, die unmittelbar hinter ihnen folgte, würde den ersten kleinen Brückenkopf nach ihrem Eintreffen erweitern und bis zur Ankunft des Bataillons halten.

Keuchend unter der Last der Waffen und Munition, hasteten die Landser den schmalen Feldweg entlang, der durch den kleinen Wald in Richtung Luga führte. Nach etwa einem Kilometer lichteten sich die Bäume, und nach weiteren dreihundert Metern hatten sie den Waldrand erreicht. Oberleutnant Ziegler ließ, nach Luft ringend, die Gruppe halten. Vor ihnen in etwa achthundert Metern Entfernung war das silbern schimmernde Band der Luga zu erkennen. Davor und jenseits des Flusses breitete sich die Stadt aus. Ziegler hatte sein Glas an die Augen gesetzt und starrte mit angehaltenem Atem nach vorne. Tatsächlich konnte er dort, wo der Feldweg zwischen den licht stehenden Häusern des Vorortes an den Fluß heranführte, eine Brücke erkennen. Sie stand also noch immer.

„Es scheint tatsächlich so, als ob der Iwan vergessen hätte, den diesseitigen Stadtrand zu besetzen." Er wandte sich an Lechner, der dicht neben ihm stand. „Noch etwa fünfhundert Meter. Was auch geschieht, wir müssen die Brükke in unseren Besitz bringen." Dann drehte er sich zu der hinter ihnen wartenden Gruppe. „Rennt Männer, als wäre der Teufel hinter euch her! Von uns hängt vielleicht das Schicksal vieler Kameraden ab." Dann drehte er sich um und rannte los. Dichtauf folgte Lechners Gruppe.

Immer näher kamen die ersten Häuser, ohne daß sich auf der Feindseite auch nur das Geringste tat. Es schien beinahe so, als ob sich die Sowjets nach Tagen härtesten Widerstandes einfach dazu entschlossen hätten, die Deutschen nun doch in das Herzstück ihrer Verteidigungsstellung eindringen zu lassen und die Festung Luga den Angreifern kampflos zu überlassen.

Ausgepumpt, durchnäßt vom eigenen Schweiß und völlig am Ende ihrer Kräfte, erreichte die Gruppe den Stadtrand. Hinter Hecken und Gartenzäunen ließen sich die Soldaten in Deckung fallen und warteten erst einmal darauf, wieder genügend Luft in die Lungen zu bekommen. Angestrengt beobachteten die Männer die vor ihnen liegenden Gärten, soweit sie einzusehen waren, doch nirgends schien auch nur der Hauch von Leben. Weder Soldaten der Roten Armee noch irgendwelche Zivilisten waren zu sehen. Wenn man einmal vom Donnern der Geschütze weiter nördlich absah, dann herrschte hier am Rand der Stadt eine beinahe friedliche Ruhe. In den Gärten der Häuser blühten die verschiedensten Blumen. Überall standen Obstbäume, die teilweise voll der Jahreszeit entsprechender Früchte hingen. Die Gärten machten allesamt einen gepflegten Eindruck, und wären dort nicht die aufgeworfenen Laufgräben zu sehen gewesen, die sich durch dieses Stück Bauernidyll zogen, so hätte man tatsächlich glauben können, die Besitzer der Gärten kämen jeden Moment aus ihren Häusern, um irgendwelchen für sie wichtigen Tätigkeiten nachzugehen. Unterstrichen wurde das Bild des Friedens zusätzlich noch durch die unzähligen Insekten und Vögel, die summend und singend ihrer Freude am Leben Ausdruck verliehen. Da und dort bellte gelangweilt ein Hund und vervollständigte somit das idyllische Bild. Tatsächlich erinnerten nur die sich quer durch die Obstgärten ziehenden Schützengräben, der davor gespannte Stacheldraht sowie das Grummeln der niemals müde werdenden Schlacht daran, daß sich dieses Land im Krieg befand. Warum sich in den Schützengräben nicht ein einziger russischer Soldat aufhielt, blieb den Männern allerdings auch weiterhin ein Rätsel. Mit dessen Lösung hielt sich Oberleutnant Ziegler jedoch nicht weiter auf.

„Dort vorne ist die Brücke!" Der Spähtruppführer hatte sich mit dem Adjutanten an das erste Haus herangearbeitet und deutete die vor dem Haus vorbeiführende Straße entlang. In einer Entfernung von etwa hundertfünfzig Metern ließ sich die Auffahrt zu einer nicht sehr breiten Holzbrücke erkennen. Ziegler nahm sein Glas hoch und beobachtete intensiv die diesseitige und jenseitige Brückenauffahrt. Noch immer war von einem Posten nichts zu sehen. Die vor der Auffahrt postierten spanischen Reiter waren zum Teil zur Seite geschoben.

„Drei Mann mit mir vor zur Brücke, der Rest kommt auf ein Zeichen von mir nach!“ Schnell hatte sich Ziegler die ihm am nächsten stehenden Soldaten gegriffen. Gedeckt durch die zur Straße zeigenden Vorgärten, arbeitete sich die Gruppe vor. Nach kurzer Zeit waren die Soldaten bis auf wenige Meter an die Auffahrt herangekommen. Vor ihnen führte ein schmaler Feldweg am Flußufer entlang, den es noch zu überqueren galt. Noch immer zeigte sich keine Spur eines Feindes.

„Ihr bleibt hier in Deckung. Ich will mal sehen, ob auf der anderen Seite irgend etwas vom Iwan zu erkennen ist.“ Gebückt sprang der Oberleutnant über die Straße und hielt auf die Brückenauffahrt zu. Ziegler rannte an den spanischen Reitern vorbei, verhielt noch einmal kurz, um zu beobachten, rannte dann direkt auf die Brücke und gebückt in einem Zug bis zu deren Mitte vor. Am Geländer kauernd, starrte er aufmerksam auf die andere Seite. Nichts rührte sich. Der Weg war frei. Sollte Luga tatsächlich nicht mehr vom Feind besetzt sein? Das Herz schlug Ziegler vor Aufregung bis zum Hals. Eine ungeheure Chance, die sich ihnen hier bot. Er winkte die hinter ihm wartenden Soldaten heran und gab dann auch der restlichen Gruppe das Zeichen aufzuschließen. Erst jetzt kam ihm in den Sinn, daß der Iwan Brücke und Auffahrt eventuell vermint haben könnte. Wenn sie jetzt von der anderen Seite entdeckt wurden, konnte das fatale Auswirkungen haben. Noch einmal rannte er zurück zur Auffahrt.

„Los, nachsehen, ob der Iwan die Brücke vermint hat!“ Zwei Grenadiere sprangen die Böschung hinab, um so an die Unterseite heranzukommen. Noch während die beiden Männer damit begannen, nach eventuell vorhandenen Sprengmitteln zu suchen, hastete der Rest der Gruppe heran. Ohne sich groß aufzuhalten, rannten die Soldaten auf die gegenüberliegende Seite. Noch immer rührte sich vor ihnen nicht das Geringste. Es war beinahe unglaublich, daß sich die Russen Luga so einfach abnehmen ließen. Schnell hatte Lechner seine Gruppe aufgeteilt. Die Gebäude links und rechts des Flußüberganges wurden besetzt. Hierbei stellte sich heraus, daß die Sowjets sehr wohl die Absicht gehabt hatten, Luga zu verteidigen. In jedes der dem Fluß zugewandten Häuser hatte man Schießscharten gebrochen. Die Gebäude selbst waren untereinander mit Laufgräben verbunden. Soweit es sich vom derzeitigen Standort der Gruppe Lechner einsehen ließ, waren auch eine große Anzahl gut getarnter Bunker und Unterstände vorhanden. Die weiter in das Innere der Stadt führende Straße war an zwei Stellen mit Sandsack-Barrikaden unterbrochen, zwischen denen sich nur schmale Durchlässe, gedeckt durch spanische Reiter und Stacheldraht, befanden. Undeutlich ließ sich erkennen, daß an jeder dieser Barrieren eine Abzweigung in eine Seitenstraße führen mußte. Alles war bestens vorbereitet, lediglich die Verteidiger fehlten.

„Mensch, hoffentlich sind die Kumpels bald heran. Ich habe irgendwie das Gefühl, als ob wir hier in einem Sack sitzen und der Iwan jeden Moment das Loch zusammenzieht." Nervös zog Scholz an seiner Zigarette. Der Schütze Zwo starrte dabei die vor ihnen weiter in das Innere von Luga führende Straße entlang. Hinter jeder der die Straße sperrenden Hindernisse vermutete er den Feind. Doch noch immer lag die Stadt wie ausgestorben da. Scholz stand zusammen mit Reitinger an einem geöffneten Fenster im Obergeschoß des dem Brückenkopf zunächst liegenden Hauses. Ihr MG stellten sie zusammen mit dem Zweibein auf einen an die Fensterbank geschobenen Tisch. Wenn es dem Russen einfallen würde, diese Straße entlangzukommen, hatten sie von hier oben bestes Schußfeld. Im Erdgeschoß des Hauses war von Ziegler ein provisorischer Gefechtsstand eingerichtet worden.

Eben hatte der Oberleutnant einen Melder mit dem Befehl zurückgeschickt, die Kompanie im äußersten Tempo heranzuholen.

„Herbert, hörst du das?" Scholz ließ die Zigarettenkippe achtlos fallen und beugte sich ein wenig zum Fenster hinaus. Ein leises Brummen lag in der Luft. Die vor wenigen Sekunden noch so friedlich wirkende Stille wurde nun durch ein kontinuierliches Anschwellen von Fahrzeuglärm gestört. „Von uns sind das jedenfalls keine", stellte Scholz fest. „Kunststück", gab Reitinger zurück, „die kämen ja wohl auch kaum von Iwans Seite her. Los, gib dem Oberleutnant sofort Bescheid, daß der Iwan im Anmarsch ist!"

„Schon gehört", kommentierte Ziegler Reitingers Worte. Der Oberleutnant war soeben in den Raum getreten. „Bereits was zu sehen?" Er stellte sich ans Fenster und starrte die ein ganzes Stück in gerader Richtung verlaufende Straße entlang. „Bis jetzt noch nicht, Herr Oberleutnant. Vielleicht haben wir ja auch Glück, und die kommen nicht bis hierher."

„Glaube ich nicht", gab Ziegler zurück. „Wahrscheinlich sind die Roten endlich aufgewacht und haben mitbekommen, daß irgendwas nicht stimmt." Angestrengt horchten die drei Soldaten auf den langsam näherkommenden Motorenlärm. Noch immer lag die Straße genauso friedlich vor ihnen wie in den vergangenen zwei Minuten. Dennoch deutete der anschwellende Motorenlärm darauf hin, daß der Russe in Begriff war, die noch verwaisten Stellungen an der Luga zu besetzen.

„Dort!" Reitinger deutete aufgeregt mit der Rechten zum Fenster hinaus. Eben war in etwa dreihundert Meter Entfernung ein Lkw um die Straßenecke gebogen und schob sich in gemäßigtem Tempo direkt in ihre Richtung. Unmittelbar hinter ihm folgte ein zweiter und dann ein dritter. An jedem der Lastkraftwagen war ein Pak-Geschütz angekoppelt. Lange Reihen von Rotarmisten bogen jetzt ebenfalls in die Straße ein. Immer weitere Lkws, vollbesetzt mit Infanterie, tauchten nach und nach auf.

„Auf hundertfünfzig Meter rankommen lassen und dann nichts wie drauf!" erteilte Ziegler seine Anweisung. Dann sprintete er aus dem Zimmer, um nach unten zu rennen. Mit wenigen Schritten war er im Vorgarten und rannte gebückt durch einen von den Russen angelegten Laufgraben, der quer über die Straße auf die andere Seite führte. Die anrückenden Russen konnten ihn so nicht sehen. Er stürzte auf der anderen Straßenseite in das von weiteren Männern der Gruppe Lechner besetzte Haus. Dort war auch das zweite MG postiert. So konnten die beiden Maschinengewehre die gesamte Länge der Straße bestreichen.

„Lechner!“ rief er dem Unteroffizier entgegen, der eben im Begriff war, die Treppe in den ersten Stock hinaufzuhasten. „Die Russen auf hundertfünfzig Meter rankommen lassen, dann das Feuer eröffnen. Seht zu, daß der Iwan so lange wie möglich auf Abstand bleibt. Wir gehen nur im äußersten Notfall auf die Brücke zurück. Kann sicher nicht mehr allzulange dauern, bis die Kompanie...“

Das plötzlich einsetzende Rattern von Reitingers MG schnitt dem Oberleutnant die letzten Worte ab. Jetzt hörte man auch aus dem oberen Stockwerk die Karabiner der dort befindlichen Soldaten bellen. Im Erdgeschoß, aus einem der beiden zur Straße liegenden Zimmer, begann das zweite MG in langen Feuerstößen zu hämmern. Bei den anrückenden Russen wurden die ersten Reihen von den Feuerstößen erfaßt und zu Boden geworfen. Im Nu entstand dort ein heilloses Durcheinander, in das hinein ununterbrochen Feuerstöße der deutschen Maschinengewehre hämmerten. Augenblicklich war es mit dem eben noch herrschenden Frieden vorbei! Der Krieg hatte den bis vor kurzem noch so still wirkenden Hochsommertag wieder fest in seinem Griff.

„Lechner, ich bin drüben in meinem Gefechtsstand. Sie wissen, was zu tun ist. Ich verlasse mich ganz auf Sie und Ihre Männer!“ Dann stürzte Ziegler auch schon wieder aus dem Haus und rannte hinaus in den Laufgraben. Inzwischen schienen sich die Sowjets von ihrer ersten Überraschung erholt zu haben. Deutlich konnte man sehen, wie sich Offiziere darum bemühten, schnellstmöglich wieder Ordnung in das herrschende Chaos zu bringen, und es gelang ihnen zusehends. Der Feind wußte jetzt, von wo aus er unter Feuer genommen wurde, und einzelne Schützen eröffneten nun ihrerseits das Feuer. Der zuforderst fahrende Lkw war, von der Leuchtspurmunition getroffen, in Brand geraten und stand jetzt quer in der Straße, so daß er den an der Brückenauffahrt liegenden Grenadieren zum Teil die Sicht auf das dahinterliegende Straßenstück nahm. Zu den anfangs erst vereinzelt schießenden Russen hatten sich binnen kürzester Zeit weitere Gruppen von Rotarmisten an dem Lkw vorbeigedrückt und das Feuer auf die Deutschen eröffnet. Überall schlugen die Garben ihrer automatischen Waffen gegen die Hauswände und rissen dort den Putz, kleine Staubfahnen hinterlassend, von den Wänden.

Oberleutnant Ziegler hatte kaum die Hälfte der Entfernung auf die andere Straßenseite zurückgelegt, als das Infanteriefeuer der Russen sich zu regelrechter Raserei steigerte. Rings um den Oberleutnant zischten die Kugeln und zwitscherten die vom Belag der Straße abgeprallten Querschläger durch die Luft. Aus dem Augenwinkel konnte er gerade noch wahrnehmen, daß der hinterste Lkw, der in diesem Moment um die Straßenecke biegen wollte, in Flammen aufgegangen war. Knatternde Explosionen zeugten davon, daß auf dem Fahrzeug Infanteriemunition transportiert wurde. Dann hatte sich Ziegler auch schon in den Hauseingang geworfen. Immer zwei Stufen gleichzeitig nehmend, rannte er die steile Treppe in den ersten Stock hinauf.

Dort kniete Reitinger mit kalter Ruhe hinter seinem MG und schickte Feuerstoß auf Feuerstoß dem Feind entgegen. Trotz der rings um das Fenster in die Mauer schlagenden gegnerischen Geschosse ließ sich der Obergefreite durch nichts aus der Ruhe bringen. Ganze Serien aus russischen Maschinenpistolen fuhren durch die Fensteröffnung in das Zimmer und durchlöcherten die rückwärtige Wand und einen erheblichen Teil der Zimmerdecke. Massenweise Staub aus Putz und zerschlagenen Mauerziegeln vermischte sich mit den Gasen der in rasender Folge dem Feind entgegengeschickten Geschosse aus Reitingers Waffe. Die Luft war schwer vom Gestank der Treibgase und dem überall herabrieselnden Staub. Unablässig ratterte die Maschinenwaffe, um die sich in Sprüngen weiter vorarbeitenden Russen in Schach zu halten. Klingelnd sprangen leere Hülsen auf die Tischplatte und von dort auf den Boden hinab, und binnen kurzer Zeit lagen Hunderte Messinghülsen überall auf dem Boden verteilt.

„Gurt!“ brüllte Reitinger und hieb auf den Deckelriegel. Innerhalb weniger Sekunden war der neue Gurt eingelegt. Schon verließen wieder die ersten Geschosse den bereits heißgeschossenen Lauf. Sie rasten einer Gruppe Rotarmisten entgegen, die eben im Begriff war, eines der angehängten Geschütze abzuprotzen und, sich hinter dessen Schild duckend, in Stellung zu bringen. Reitinger korrigierte kurz nach, und schon der nächste Feuerstoß saß mitten unter der Bedienungsmannschaft. Zwei der Soldaten wurden regelrecht von den Füßen gerissen, während die anderen sich hinter den Lkws in Deckung warfen. Dann setzte das MG schlagartig aus! Eine Hülse steckte im Lager fest. Sofort nutzten die Rotarmisten den dadurch gewonnen Freiraum und schoben sich weiter vor. Fieberhaft, mit tausendmal geübten Griffen, arbeiteten Reitinger und Scholz an der Beseitigung der Störung. Nachdem sie auch noch das heißgeschossene Rohr ausgewechselt hatten, war die Waffe wieder schußbereit. Gerade noch rechtzeitig!

Mit unheimlicher Präzision fuhren die Kugeln des MGs 34 in eine Gruppe Rotarmisten, die sich dazu anschickte, hinter eine der Sandsackbarrieren zu gelangen, um dort ein Maschinengewehr in Stellung zu bringen, und warf diese zusammen mit dem Maxim auf die Straße.

Dennoch. Obwohl die Männer von Lechners Gruppe taten, was sie konnten, der Feind war ihnen bei weitem überlegen. Es war nur mehr eine Frage der Zeit, bis er sich ihnen auf Sturmdistanz genähert haben würde.

Oberleutnant Ziegler blickte wiederholt auf seine Uhr. Kaum fünf Minuten waren seit den ersten Schüssen vergangen. Es wurde allerhöchste Zeit, daß der Rest der Kompanie endlich eintraf. Dem Russen war es jetzt bereits gelungen, sich an die erste Sandsackbarriere heranzuarbeiten, und er hatte es ebenfalls geschafft, ein MG in Stellung zu bringen. Tackernd eröffnete das Maxim sein Feuer, und die rauchenden Bahnen der Leuchtspur zogen den Soldaten im Brückenkopf entgegen. Schon die ersten Feuerstöße saßen in unmittelbarer Nähe des Fensters. Während der russische

Schütze gut gedeckt hinter den Sandsäcken lag, wurde die Sache für die deutschen Soldaten zusehends kritischer. Der russische MG-Schütze verstand sein Handwerk. Reitinger konnte das feindliche MG nicht fassen, ebensowenig wie der MG-Schütze im Nachbarhaus. Bereits die nächste Serie fetzte fingerlange Späne aus dem Fensterrahmen und schleuderten sie den beiden ins Gesicht. Scholz spürte, wie einer dieser Splitter in seine Wange eindrang, und ein heißer Schmerz durchfuhr ihn.

„Scheiße, verdammte!" schrie er vor Schmerzen auf, „mich hat´s!" Während Reitinger noch einmal einen langen Feuerstoß hinausjagte, drehte sich Scholz vom Fenster weg. Er registrierte, wie es ihm warm über das Kinn bis in den Rockkragen rann. Scholz tastete mit den Fingern vorsichtig zu der Stelle, an der es jetzt stach und pochte, als säßen dort tausend glühende Nadeln. Er zuckte zurück. Ein fingerlanger, ziemlich dicker Holzspieß steckte tief in seiner Wange, sehr dicht unterhalb des rechten Auges. Er spürte, wie bereits das Auge zuzuschwellen begann. Wie Hagelschlag fuhr gerade eine weitere Geschoß-Serie durch das Fenster in das Innere des Zimmers. Die rückwärtige Wand und die Decke wurden förmlich zersiebt. Es wurde zusehends ungemütlicher. Ihre Stellung war nicht länger zu halten.

„Raus hier!" brüllte Oberleutnant Ziegler gegen den tobenden Gefechtslärm an. Über den Boden kriechend, überschüttet von aus den Wänden gerissenem Putz und Ziegelbrocken, zogen sich die Männer auf den Gang zur Treppe zurück.

Und das Feuer der Sowjets steigerte sich noch!

Immer mehr neue Soldaten drangen in die Straße ein und rückten gegen die kleine Schar der Deutschen vor. Der Stellungswechsel des deutschen MG-Schützen verschaffte den Russen augenblicklich Luft. Die wenigen Karabiner und Maschinenpistolen, die von Lechners Gruppe auf sie schossen, waren kein wirkliches Hindernis. Auch der zweite MG-Schütze hatte alle Mühe, gegen den immer heftiger werdenden Beschuß zu bestehen. Ein schweres MG der Russen zwang jetzt auch ihn zu einem Stellungswechsel.

Das wiederum nutzten die Sowjets für sich. Schnell waren mehrere Gruppen bis auf fünfzig Meter herangekommen. Oberleutnant Ziegler konnte sich leicht an seinen zehn Fingern abzählen, wieviel Zeit ihnen noch blieb, bevor sie von der feindlichen Infanterie auf die Brücke zurückgedrängt werden würden. Zudem war es nur eine Frage der Zeit, bis der Russe seinen kleinen Haufen umgangen haben würde, um ihn von der Seite her anzugreifen.

Mehrere dumpf ploppende Abschüsse überlagerten das rasende Infanteriefeuer. Nur einen Augenblick später fuhren winselnd die Geschosse mittlerer Granatwerfer herab und hieben berstend in die Straße und Vorgärten. Pflastersteine und Erde wirbelten auf und nahmen den Verteidigern für einen Augenblick die Sicht. Fensterscheiben barsten durch den Luftdruck der Detonationen und verteilten ihre Splitter. Eine zweite Lage fuhr herab. Diesmal arbeitete der russische VB schon besser. Donnernd schlugen die Geschosse in die Häuser der deutschen Verteidiger und rings um den Laufgraben. Balken, Dachziegel und Mauerwerk prasselten wie ein höllischer Regen auf Vorgärten und Straße herab. Noch bevor der Trümmerregen sich halbwegs gesenkt hatte, fuhren die nächsten Granaten nieder. Dann ging es Schlag auf Schlag. Die Werfergruppe der Sowjets hatte sich eingeschossen. In ununterbrochener Folge winselten und heulten die Granaten heran, um Sekunden später die Erde oder die Hausmauern noch weiter aufzureißen.

Schon mit den ersten Einschlägen hatten sich die Grenadiere aus den Häusern zurückgezogen. Jetzt kamen ihnen die von den Sowjets angelegten Stellungen und Laufgräben zwischen den einzelnen Gebäuden zugute. Allerdings war ihnen durch das gut liegende Werferfeuer eine effektive Abwehr der Rotarmisten kaum noch möglich.

„Lechner!" brüllte Oberleutnant Ziegler gegen den Lärm an. „Lassen Sie durchgeben, daß wir uns in fünf Minuten an die Brückenauffahrt zurückziehen. Reitinger deckt mit seinem MG den Rückzug. Verluste?"

„Bis jetzt nur zwei Leichtverwundete. Aber wenn das so weitergeht...." Lechner zuckte mit den Schultern und preßte sich unwillkürlich gegen den Grabenrand, als in unmittelbarer Nähe eine Granate in ein Hausdach fuhr und den Trümmerschutt prasselnd über ihnen ablud.

„Wie sieht's mit der Munition aus?" wollte Ziegler wissen, als der Regen aufhörte. „Bis jetzt noch kein Problem, Herr Oberleutnant. Allerdings befürchte ich, daß Munition unsere kleinste Sorge sein dürfte, wenn wir nicht bald Verstärkung bekommen."

„Das fürchte ich auch", dachte sich Ziegler. „Unsere Leute werden schon rechtzeitig eintreffen", brüllte er gegen eine weitere Serie von Einschlägen an und klopfte dem Unteroffizier aufmunternd auf die Schulter.

Dann rannte er geduckt den Graben entlang, um Reitinger seinen Entschluß mitzuteilen. Der hatte inzwischen mit seinem MG Stellung hinter einer halbhohen Hofmauer bezogen, von der aus er einigermaßen gute Sicht auf die Straße hatte. Trotz der Schmerzen und des inzwischen vollkommen zugeschwollenen Auges war Scholz an seiner Seite.

„Geht's noch, Scholz"? brüllte Ziegler, der sich eben neben der MG-Stellung in Deckung warf, dem Schützen Zwo ins Ohr. Schnell wurde Reitinger von Ziegler unterrichtet, um was es ging. Dann schlug er Scholz auf den Rücken. „Los, Scholz, sehen Sie zu, wo die Kompanie bleibt. Melden Sie Oberleutnant Hauser, daß wir hier schwer unter Druck stehen. Ich bleibe bei Reitinger."

„Was sagen Sie da?" Oberst Hassler riß es förmlich von der Bank hoch, auf der er eben noch über eine Karte gebeugt gesessen hatte. „Grieg", rief er dann seinen Fahrer, „los schnell, Motor an und zu Kleinfeld in den Gefechtsstand!" Noch während der Regimentskommandeur aus der kleinen Bauernkate stürmte, rief er seinem Adjutanten zu, sofort das gesamte Regiment auf Luga anzusetzen. „Der Russe hat uns eine Einladung hinterlassen. Die wollen wir doch nicht so ohne weiteres ausschlagen!" hörte der Adjutant seinen Chef noch rufen. Dann raste der Kübel des Kommandeurs, in eine dichte Staubfahne gehüllt, davon. Noch während Hassler nach vorne fuhr, war das erste Bataillon angetreten. Unmittelbar hinter Oberleutnant Hausers Zwoter drängte das gesamte Bataillon nach vorne. Und an den Männern seines Regiments vorbei raste der Kübel des Kommandeurs. Schnell hatte sich die Nachricht unter den Soldaten verbreitet, daß ihr Regimentskommandeur ebenfalls auf dem Weg nach vorne sei, um persönlich bei der Einnahme von Luga an ihrer Spitze zu stehen.

„Los, Männer, schneller!“ trieben die Zug- und Gruppenführer der Zwoten ihre Leute an. „Eure Kameraden stehen mächtig unter Druck.“ Aber einer Motivation durch ihre Vorgesetzten hätte es für die Soldaten gar nicht bedurft. Der Kampflärm, der vor ihnen aus der Stadt herüberdrang, war mehr als genug Ansporn. Jedermann wußte, daß die Kameraden Hilfe dringend nötig hatten. Nur noch wenige Meter trennte die Spitze der Kompanie von der Brücke. Vor ihnen, auf dem anderen Ufer, wurde heftig gekämpft. Dunkle Rauchsäulen, durchsetzt von immer wieder auffahrenden Detonationswolken, zeigten, daß die Sowjets alles daransetzten, die in die Stadt eingedrungenen Deutschen schnell wieder hinauszuwerfen. Rasendes Infanteriefeuer untermalte das anhaltende Krachen der detonierenden Granaten. Tief nach vorne gebückt, rannte Scholz über die noch immer intakte Brücke. Gerade rechtzeitig, um zu sehen, wie seine Kompanie die ersten Häuser des Vorortes erreichte.

„Na, da haben Sie aber mächtig Schwein gehabt, Scholz“, meinte Oberleutnant Hauser teilnahmsvoll, nachdem Scholz seine Meldung gemacht hatte. „Lassen Sie sich mal gleich verarzten und dann nichts wie ab nach hinten.“

„Bergmann“, rief Oberleutnant Hauser einen Unteroffizier der Granatwerfergruppe anschließend zu sich, „gehen Sie mit Ihren Granatspuckern sofort in Stellung. Einen VB mit nach vorne.“ Noch während Hauser seine Anweisungen gab, stürmten die Soldaten seiner Kompanie über die Brücke zum anderen Ufer. Im Moment war es das Wichtigste, den bedrängten Kameraden zu Hilfe zu eilen. Das weitere Vorgehen würde durch die sich dann abzeichnende Lage entschieden. Eben war Hauser selbst im Begriff, die Brückenauffahrt hinaufzustürmen, als ein Kübelwagen heranraste und unmittelbar neben ihm in einer dicken Staubwolke zum Stehen kam.

„Wer ist hier der kommandierende Offizier?“ schrie ein drahtig aussehender Mann gegen den Lärm an, während er aus dem Kübel sprang. „Ich!“ rief Hauser zurück, ohne sich im ersten Moment darüber bewußt zu sein, wer ihn da angerufen hatte.

„Wie sieht es da vorne aus?“ wollte der Kommandeur wissen, nachdem ihm Hauser Rang und Namen genannt hatte. „Viel weiß ich auch noch nicht, Herr Oberst. Ich bin eben erst mit meiner Kompanie hier eingetroffen und im Begriff, den Brückenkopf auf der anderen Seite zu verstärken.“

„Gut“, entgegnete Hassler. „Dann wollen wir mal sehen, wie es steht.“ Zusammen mit dem Rest der Kompanie rannte der Regimentskommandeur über die Brücke. Mitten hinein in den brodelnden Hexenkessel.

Zwanzig Minuten später war die Lage im Brückenkopf durch das Eingreifen der Zwoten so weit gefestigt, daß der Feind nur noch unter Aufbietung seiner gesamten Kraft die Deutschen über die Luga hätte zurückwerfen können. Nach Eintreffen weiterer Teile des Bataillons wurde damit begonnen, schwere Waffen in den Brückenkopf zu verlegen. Im Mannschaftszug wurden mehrere 3,7-cm-Pak über die Brücke nach vorne gezogen und sofort gegen von den Russen teilweise zu Bunkern ausgebaute Häuser zum Einsatz gebracht. Gegen äußerst hartnäckigen Widerstand der Sowjets drangen die Kompanien dann weiter in die stark befestigte und in weiten Teilen auch verminte Stadt vor. Im harten Häuserkampf mußte den Verteidigern jedes Haus und jeder Wohnblock einzeln entrissen werden. Nicht wenige Rotarmisten leisteten – im wahrsten Sinne des Wortes – bis zur letzten Patrone Widerstand. Blutige Verluste auf beiden Seiten kennzeichneten den Kampf um Luga. Immer wieder griffen die schweren Waffen der Deutschen im direkten Beschuß ein, um sich hartnäckig verteidigende Widerstandsnester der Russen zum Schweigen zu bringen. Heftig trommelte die Artillerie der Sowjets auf den zusehends größer werdenden Brückenkopf und forderte so weitere blutige Verluste unter den Angreifern. Dunkle Rauchsäulen standen über der Stadt und zeugten von den schweren Kämpfen. Selbst Schlachtflieger setzten die Sowjets gegen die Übergangsstelle an, die inzwischen von mehreren Batterien leichter Flugabwehrgeschütze gesichert wurde und die einen dichten Vorhang aus Zweizentimetergranaten in den Himmel webten. Dennoch stürzten sich die Sturmowik in den Wirbel aus Sprenggranaten, der rings um sie tanzte. Mehrere der Maschinen stürzten getroffen zu Boden, wo sie in einem orangeroten Feuerball verglühten. Diejenigen, die es trotz des Abwehrfeuers schafften, warfen ihre Bomben, ohne jedoch nahe genug an die Übergangsstelle heranzukommen, um wirklichen Schaden anzurichten.

Nach und nach gab der Angriffsschwung und der Wille der Angreifer dann den Ausschlag. Nach Stunden schwerster Kämpfe waren die deutschen Soldaten in das Innere der Stadt eingedrungen und hatten die Verteidiger weiter an den Nordrand zurückgedrängt.

Am 24. August 41, nachmittags um 17.00 Uhr, erreichte die Division die Nachricht über die erfolgreiche Einnahme der Stadt. Mit dem Fall Lugas war eine wichtige Schlüsselstellung vor Leningrad in deutsche Hand gefallen!

„Mensch, Kalle, daß du nur wieder hier bist!" Reitinger hieb seinem Kameraden voller Freude auf die Schulter, und auch die anderen zeigten ihre Freude darüber, daß Scholz weit weniger schwer verletzt war, als sie zunächst alle angenommen hatten. Zwar war dessen rechtes Auge noch immer völlig zugeschwollen und jetzt auch noch blauschwarz unterlaufen, aber nachdem das Blut aus seinem Gesicht gewaschen und der lange Holzsplitter entfernt worden war, sah alles schon weniger dramatisch aus.

„Na ja, ich kann euch ja schließlich in dem Schlamassel nicht alleine lassen. Also habe ich mir gedacht, komme ich halt wieder zu meinem Lieblingszug zurück und bringe gleich noch einen guten Tropfen mit!" Er griff in seinen Brotbeutel und holte daraus eine Flasche Wodka hervor. „Hab´ ich hinten beim Küchenbullen gefunden, nachdem der Sani mich verarztet hatte. Kleines Trostpflaster sozusagen", meinte er grinsend, während er sich über das große Pflaster in seinem Gesicht fuhr.

„Und um die Freude über meine Wiederkehr perfekt zu machen, hab´ ich auch gleich die Post für unsere Gruppe mit im Gepäck." Unter großem Hallo verteilte Scholz die Post, und die Flasche Schnaps war für den Moment vergessen. „Da, Herbert, für dich ist auch was dabei." Mit dem noch offenen Auge zwinkerte Scholz seinem Kameraden zu und hielt ihm die Briefe entgegen. „Übrigens habe ich noch eine Neuigkeit aufgeschnappt, Kinder. Unser Bataillon soll für die nächsten zwei oder drei Tage hier liegenbleiben. Jetzt sind mal die anderen dran, wie es aussieht." Dann wandte sich Scholz der Wodkaflasche zu und hatte im Handumdrehen mehrere Gläser vollgeschenkt, die er in dem Haus, das ihnen momentan als Quartier diente, gefunden hatte. Von dem dann in der Stube anhebenden Trubel bekam Reitinger jedoch kaum etwas mit. Er war für längere Zeit ganz in seine Feldpostbriefe versunken. Zwei der Briefe waren von seinen Eltern. Einen von beiden hatten sie zusammen geschrieben; darin berichteten sie ihm, wie sehr sie doch jeden Tag an ihn dachten und wie sie so voller Sorgen um seine Gesundheit waren. Auf dem Hof hingegen schien soweit alles in Ordnung zu sein, und sein Vater ließ ihn wissen, daß sie jetzt auch einen kriegsgefangenen Franzosen als Erntehelfer bekommen hatten. Dies sei eine durchaus spürbare Entlastung, und zusammen mit den beiden BDM-Mädchen würde es mit der Arbeit am Hof jetzt schon klappen.

Der Brief seines Vaters – dieser hatte ihn ohne das Wissen der Mutter geschrieben – war begleitet von der Sorge sowohl um den Sohn als auch um die Frau. So stand darin, daß er als Vater durchaus Verständnis dafür hätte, nicht so oft Post von seinem Sohn zu bekommen, doch seine Mutter gräme sich wirklich sehr um ihren Sohn, und so hoffe er doch, den einen oder anderen Brief mehr zu erhalten, auch wenn seine Braut natürlich an erster Stelle stehe.

„Lieber Herbert, ich weiß wohl, wie wenig Zeit ihr dort draußen habt, und wenn doch, daß dann die dem Herzen am nächsten Stehende den Vorrang hat. Schließlich war auch ich einmal jung", so schrieb er, „und ebenso wie Du heute war auch ich im Feld. Ich will Dich mit meinen Zeilen auch in keiner Weise unter Druck setzen und sie in dieser Absicht auch gar nicht geschrieben haben. Aber da ich nun einmal weiß, wie es im Herzen Deiner Mutter aussieht, glaube ich doch, daß der eine oder andere Brief mehr sie ein wenig aufmuntern würde. Sie hält sich auch sehr tapfer und zeigt es nicht nach außen, wie groß ihre Angst um Dich tatsächlich ist. Wohl auch deswegen, weil sie der Meinung ist, mich mit ihrem großen Kummer nur unnötig zu belasten. Aber mein Sohn, ich kenne sie nun mal schon eine ganze Weile, und so wie ich vor ihr nichts verbergen kann, ist es eben andersherum ganz genauso. Also, mein Lieber, vielleicht hast Du ja manchmal doch ein wenig Zeit, wenn auch nur für ein paar kurze Zeilen. Ich bin wirklich sehr stolz auf Dich, mein Junge, und ich hoffe sehr, daß wir uns recht bald wieder gesund in die Arme schließen können. Dein Dich liebender Vater."

Reitinger legte den Brief betreten zur Seite. Sein Vater hatte schon recht mit dem, was er schrieb. Er nahm sich vor, in Zukunft mehr daran zu denken. Aber jetzt für den Moment dachte er erst einmal an etwas ganz anderes. Er nahm sich den dritten, von einer zierlichen Handschrift beschriebenen Brief, lehnte sich zurück und öffnete ihn voller Vorfreude.

„Liebster Herbert!

Gestern habe ich Deinen letzten Brief erhalten, in dem Du schreibst, daß es jetzt wohl bald soweit ist und Ihr Eurem ersten Einsatz in Rußland entgegengeht. Ich habe in den letzten Wochen so gehofft, daß Ihr nicht mehr an die Front müßt oder der Feldzug im Osten schon vorüber ist, wenn Ihr dort ankommt. Man hört ja jeden Tag, wie schnell es jetzt vorangeht gegen die Russen und daß es nur mehr eine Frage der Zeit bis zum Ende ist. Jetzt, da Ihr doch noch an die Front kommt, bete ich jeden Tag, daß Dir und Deinen Kameraden nichts geschehen möge. Ich bitte Dich Herbert, sei nur nicht leichtsinnig und halte Dich zurück, wenn möglich. Ich weiß ja, daß diese Bitte ziemlich albern ist, aber so ist das nun mal, wenn man jemanden liebt und doch nur sein Bestes will.

Jetzt ist es schon beinahe drei Monate her, daß wir uns das letzte Mal gesehen haben, und ich würde weiß Gott was dafür geben, wenn Du schon morgen vor der Türe stehen könntest und endlich Frieden wäre. Manchmal kommt es mir ja immer noch wie ein Traum vor, daß Du mich in Deinem letzten Urlaub gebeten hast, Deine Frau zu werden. Das ist jetzt schon wieder so viele Wochen her, und doch glaube ich manchmal, daß alles sei erst gestern gewesen. Ich denke so oft an unsere wunderschönen gemeinsamen Stunden am See, und sooft es die Arbeit hier am Hof erlaubt, fahre ich mit dem Rad dorthin und träume davon, wie schön es hier mit Dir war und wie es erst sein wird, wenn Du endlich wieder bei mir bist. Ich freue mich so sehr auf unsere Hochzeit, auch wenn alles nur im kleinen Rahmen gehalten werden kann. Hauptsache, wir sind verheiratet. Vorgestern war ich drüben bei Deinen Eltern und habe mich eine ganze Weile mit ihnen unterhalten. Du weißt ja, daß ich mich mit ihnen gut verstehe, und sie geben mir auch wirklich das Gefühl, daß ich bereits ganz zur Familie gehöre. Ich hoffe sehr, daß Du bald nach Hause kommst, und vor allem, daß Du gesund bleibst. Mein geliebter Herbert, eben ruft der Vater nach mir, weil ich ihm helfen soll. Dann schließe ich für heute und freue mich schon sehr auf Deinen nächsten Brief. Ich liebe Dich sehr, umarme und küsse Dich, Deine Hanne."

Reitinger schloß die Augen und unterdrückte den dicken Kloß im Hals, nachdem er den Brief zum zweiten Mal gelesen hatte. Er träumte sich zurück in die Zeit seines Kurzurlaubes. Bei diesen Gedanken stieg ein warmes Gefühl der Freude in ihm hoch. Er war sehr froh, daß er es doch noch irgendwie geschafft hatte, sich über seine Schüchternheit hinwegzusetzen und Hanne um ihre Hand zu bitten.

„He, Herbert!" Scholz stieß seinen Freund mit der Stiefelspitze gegen den Fuß. „Trink einen Schluck, das hilft gut gegen Heimweh und läßt die Lebensgeister wieder in Wallung geraten." Er hielt ihm ein Glas voll Wodka entgegen.

„Na, ob bei dem noch mehr Wallung nötig ist. Sieht mir jedenfalls nicht so aus. Man könnte eher denken, der schwebt schon im siebten Himmel." Klamm lachte meckernd und zündete sich eine Zigarette an. Dann schmiß er die Packung Reitinger zu. „Na, wieder unter uns Lebenden?"

„Blödmann", kommentierte Reitinger Klamms Frage, zündete sich dann eine Zigarette an und nahm einen Schluck von dem klaren Gebräu. „Du bist ja bloß neidisch, weil dich wegen deiner krummen Beine kein hübsches Mädel ansieht!" sprang Scholz für seinen Freund in die Bresche. „Jetzt hör sich einer den Kalle an", gab Klamm zurück. „Du hast wohl vergessen, wie viele Weiber ich euch in Frankreich aufgerissen habe, he?" „Ja, und was für welche", warf Zacher mit Leichenbittermiene ein. „Da waren ja welche darunter, die konntest du dir noch nicht einmal mit sehr viel gutem Willen schönsaufen. Selbst der Plesse hat…"

„Halt's Maul. Was der Plesse hat, geht dich einen Scheiß an, ist das klar? Der ist nicht hier, und über einen, der nicht hier ist, wird auch nicht blöd dahergeredet." Wütend drehte sich Klamm um und stürmte aus der Stube. „Na, der ist ja gar nicht gut drauf", meinte Zacher. „Wie kann man nur so schnell beleidigt sein?"

„Ich glaub´ eigentlich nicht, daß Klamm beleidigt ist." Unteroffizier Lechner war in die Stube gekommen. „Dem setzt nur die Verwundung von Plesse stark zu. Er hat doch gestern gesehen, wie es Plesse erwischt hat, und glaubt nun, er hätte ihm helfen können, wenn er den Russen rechtzeitig umgelegt hätte, dem sie vor die Flinte gelaufen sind. Kann man verstehen, aber auf der anderen Seite bist du eben machtlos gegen das Schicksal. Plesse ist weiß Gott nicht der einzige, den es in den letzten Tagen erwischt hat, und zumindest ist er noch am Leben, was zu viele andere leider nicht mehr sind." Die eben noch gute Stimmung war schlagartig vorbei. Wo eben noch die Freude darüber herrschte, selbst noch unter den Lebenden zu weilen, stiegen jetzt die Gedanken an jene Kameraden hoch, die seit Beginn ihres ersten Einsatzes im Osten gefallen waren. Schon jetzt hatten sie viel zuviele ihrer Kameraden in der russischen Erde zurücklassen müssen, und noch immer war ein Ende dieses Feldzuges nicht in Sicht.

Auch die nach dem Fall Lugas folgenden Tage brachten für Teile der SS-Polizei-Division schwere Kämpfe. Während die Masse der Division bis zum 30. August einen Stellungswechsel hin zur Rollbahn nach Leningrad durchführte, wurde in den Sümpfen um Lugi heftig gekämpft. Das L. Armeekorps, zu dem die SS-Polizei-Division gehörte, sollte nach dem Fall von Luga auf Krassnogwardeisk angesetzt werden. Bevor es jedoch soweit war, mußte die aus den Lugi-Sümpfen drohende Flankengefahr ausgeschaltet werden. Starke Feindkräfte, die Rede war von Resten mehrerer Sowjetarmeen, hatten sich in die ausgedehnten Sumpf- und Waldgebiete zurückgezogen. Diese Reste machten den Angreifern auch weiterhin erheblich zu schaffen. Immer wieder vorgetragene Angriffe auf die in den Abschnitt nach Leningrad drängenden Divisionen der Deutschen brachten deren Angriffsschwung zum Stocken. Es war folglich dringend notwendig, zunächst dieses Problem zu lösen, bevor im Abschnitt des L. Armeekorps der eigentliche Angriff auf die erste Leningrader Schutzstellung beginnen konnte. In mehreren Tagen ununterbrochener, härtester Kämpfe, an denen auch Teile der SS-Polizei-Division teilnahmen, wurde der um die Lugi-Sümpfe gebildete Kessel zunächst in zwei Teile gespalten und danach ausgeräumt. Tausende Gefangene und enorme Mengen an Material wurden nach der erfolgreichen Beendigung des Unternehmens eingebracht. In diesen Tagen zeigte sich erstmals, daß in nicht allzu ferner Zukunft ein neuer Gegner an der Angriffskraft der Deutschen zehren würde: Erste Regenfälle machten die wenigen vorhandenen Straßen und Wege grundlos. Die zur Entlastung der angreifenden Regimenter so dringend benötigten schweren Waffen versanken immer öfter bis an die Achsen im zähen Morast, was deren Bewegungsfreiheit noch einmal erheblich einschränkte. Durch braune Brühe watend, griffen die Soldaten dennoch weiter an. Oftmals seit Tagen mit völlig durchnäßten Uniformen, leisteten die Grenadiere Enormes. Anfang September wurde bereits das erste Mal leichter Nachtfrost registriert. Ungewöhnlich früh in jenem Jahr. Es wurde kühler, und die Kampfkraft der Sowjets war noch immer nicht gebrochen. Im Gegenteil!

Es hatte ganz den Anschein, daß mit jedem Tag, der verging, der russische Widerstand härter wurde. Und vor den Angreifern lag nun die erste Leningrader Schutzstellung, die von der Roten Armee offensichtlich mit allen Mitteln gehalten werden sollte.

Während die Bereitstellungen zum weiteren Angriff liefen, wurden von der 16. Armee das XXXIX. Panzerkorps und das XXVIII. Armeekorps so angesetzt, daß Leningrad auch von Osten her eingeschlossen wurde. In schnellem Vorstoß wurde das Südufer des Ladogasees gewonnen. Das am Südufer liegende Schlüsselburg fiel in deutsche Hand. Die Stellungen der Deutschen verliefen jetzt vom Ladoga-See entlang der Newa bis Otradnoje. Jetzt war die Landverbindung für Leningrad abgeschnitten. Auf der Karelischen Landenge hatten die Finnen ihre alte Grenze von 1939 wieder erreicht. So war auch von dieser Seite der Kessel um Leningrad geschlossen. Die Heeresgruppe Nord stand somit Ende August, Anfang September vor dem äußeren Befestigungsring von Leningrad.

Das erste Bataillon hatte nach den schweren Kämpfen um Luga für mehrere Tage in Ruhestellung gelegen. Die Verluste des Bataillons waren besonders hoch gewesen, so daß die Ruhezeit für eine Neuordnung genutzt wurde. Nachersatz aus der Heimat traf ein und wurde auf das Regiment verteilt. Dennoch kamen die Kompanien kaum noch über die Hälfte ihrer eigentlichen Gefechtsstärke hinaus. Auch die zweite Kompanie war nicht ohne schwere Verluste aus den vorangegangenen Gefechten hervorgegangen. Der dritte Zug, zu dem Lechners Gruppe gehörte, zählte gerade noch zwanzig Mann, einschließlich der Unterführer.

Mit Klamm war seit Luga noch immer nichts anzufangen. Den ganzen Tag nörgelte er herum und vermieste so seinen Kameraden die wohlverdiente Ruhe. Seitdem sein Freund Plesse schwer verwundet abtransportiert worden war, ließ Klamm kaum eine Gelegenheit aus, um sich bei seinen Kameraden unbeliebt zu machen. Plesse war mit seiner schweigsamen Art immer so etwas wie ein ausgleichender Pol für Klamm gewesen. Klamms aufbrausendes Gemüt war seit seinem Anschluß an Plesse um einiges besonnener geworden. Seitdem der Westfale verwundet worden war, fehlte Klamm nun dieser Ausgleich. Außerdem machte ihm gehörig zu schaffen, daß er nicht wußte, ob sein Freund überhaupt noch am Leben war.

„Jetzt reiß dich endlich am Riemen, und sieh zu, daß du wieder normal wirst. Ich laß mir von dir nicht die ganze Gruppe madig machen." Unteroffizier Lechner stand an die Bunkerwand gelehnt und blickte sein Gegenüber wütend an. Eben hatte Klamm wieder einen heftigen Streit mit Reitinger ausgetragen. Wie die letzten Male auch gab eine nichtssagende Kleinigkeit den Anlaß dazu. Noch bevor die Sache womöglich weiter eskalieren konnte, war Lechner auf der Bildfläche erschienen und hatte dem Streit ein Ende bereitet. Während er Reitinger zurück in seinen Unterstand schickte, befahl er Klamm zu sich in den Bunker, um ihm den Kopf endlich wieder zurechtzusetzen.

„Weißt du, Klamm", fuhr er nach einer kurzen Pause fort, „es interessiert mich einen Dreck, weshalb du schon wieder etwas mit Reitinger hattest. Ich will dir nur eines sagen: Wenn meine Gruppe aufgrund deiner Launen auffällig wird, dann geht mich das Ganze wohl etwas an." Damit hatte er auf Klamms Behauptung, daß dieser Streit seine ganz persönliche Angelegenheit sei, reagiert.

„Es ist dem Leutnant nun einmal aufgefallen, daß bei uns etwas nicht so ist, wie es sein sollte. Also sagt er zu mir: Bringen Sie die Sache schnellstens in Ordnung. Morgen geht es wieder nach vorne, und bis dahin ist in meinem Zug alles so wie immer. Ich kann keine Störenfriede gebrauchen."

Mit zusammengekniffenen Augen starrte Lechner den vor ihm Stehenden an. In Klamms Gesicht rührte sich nicht ein Muskel. Der war immerhin schon aus früheren Zeiten Unterredungen wie diese gewohnt. Erst seitdem er Plesse als seinen guten Freund betrachtete, war er etwas ruhiger geworden.

„Ich weiß ja", fuhr Lechner fort, „daß dir die Verwundung von Plesse zu schaffen macht. Ist ja auch ein feiner Kerl, so wie ihr alle", fügte er noch hinzu. „Aber falls wir uns alle so gehen ließen, wenn einer der Kameraden verwundet wird, dann…"

„Er ist mein Freund", unterbrach Klamm. „Das ist für mich wohl ein gewaltiger Unterschied. Sicherlich der beste, den ich je im Leben hatte", fügte er noch hinzu.

„Trotzdem kein Grund, immer gleich so aggressiv auf alles und jeden zu reagieren", schnitt ihm Lechner unwillig das Wort ab. „Was glaubst du, was der Plesse wohl sagen wird, wenn er wieder zu uns kommt und du im Bau sitzt, wegen weiß Gott was für Dummheiten."

Klamms Gesicht verformte sich beinahe zu einem Fragezeichen. Lechner verkniff sich ein Grinsen. Daß Plesse doch nicht so schwer verwundet war, so wie zunächst von allen vermutet, hatte er bis jetzt erst einmal für sich behalten. Erst vor zwei Stunden war er durch Zufall auf den Sanitäter getroffen, der den Schützen zurückgebracht hatte. Und dieser wußte zuverlässig zu berichten, daß Plesse spätestens in zwei Monaten wieder einsatzbereit sein würde.

„Wieso, wenn er wiederkommt?" brachte Klamm langsam hervor. „Ich dachte…."

„Überlaß das Denken mal ruhig denen, die sich leichter damit tun", winkte Lechner ab. „Dem Plesse geht es schon wieder ganz gut. Einer der Sanis hat mir das vorhin erzählt. Wird halt nur ein paar Monate dauern, bis er wieder bei uns ist. Wahrscheinlich ist der Krieg bis dahin sowieso zu Ende, und ihr könnt euer Wiedersehen dann in der Heimat ordentlich begießen. Bis dahin erwarte ich von dir, daß du dich am Riemen reißt. Ist das klar, Schütze Klamm?"

„Jawohl, Herr Unteroffizier", rief Klamm freudestrahlend und knallte übertrieben die Hacken zusammen, so daß Lechner schmerzlich sein Gesicht verzog.

„Noch etwas", hielt der Unteroffizier Klamm zurück, „du und Reitinger, ihr beide sollt euch schleunigst beim Kompanieführer melden. Wahrscheinlich will er euch den Kopf waschen", fügte er grinsend hinzu.

„Rühren, meine Herren!" Oberleutnant Hauser war von der Bank, auf der er beim Eintreten der beiden gesessen hatte, aufgestanden. „Wie mir zu Ohren gekommen ist, gab es die letzten Tage einige Reibereien in Ihrer Gruppe?“ Dabei blickte er Klamm fest ins Gesicht. „Ich hoffe sehr, daß sich diese Unstimmigkeiten wieder gelegt haben. Was ich in meiner Kompanie überhaupt nicht dulde, das sind Streitereien zwischen meinen Soldaten. So etwas untergräbt die Kampfmoral, und gerade hier an der Front sollte sich jeder auf den anderen verlassen können. Habe ich mich da klar genug ausgedrückt?“

„Jawohl, Herr Oberleutnant!“ riefen die beiden wie aus einem Munde.

„Gut, dann lassen Sie mich zu etwas Erfreulicherem kommen. Obergefreiter Reitinger!“ Reitinger riß die Hacken zusammen. „Im Namen des Divisionskommandeurs freue ich mich, Ihnen das EK.I verleihen zu dürfen. Schütze Klamm!“ Auch Klamm riß die Hacken zusammen, daß es knallte. „Hiermit befördere ich Sie zum Gefreiten, und gleichzeitig damit ist auch die Verleihung des EK.II verbunden. Meine Herren, herzlichen Glückwunsch.“ Der Kompaniechef trat vor und gab seinen beiden Soldaten die Hand. Dann drückte er jedem seine Auszeichnung in die Hand und dazu zwei Packungen Zigaretten. Anschließend schnappte er sich die auf einem Regal an der Wand stehende Flasche und goß jedem ein Glas Wodka ein.

„Weiter so, meine Herren!“ Jeder trank sein Glas leer, dann waren sie entlassen.

„Mensch, unsere Helden! Los, einen ausgeben!“ rief Scholz aus der Bunkerecke. „Woher nehmen?“ war Klamms Antwort. „Aber Zigaretten hat der Alte uns mitgegeben.“ Nachdem jeder der Gruppe mit Rauchwaren versorgt war, mußten sie kurz von ihrem Erlebnis erzählen, dann nahm sie der Alltag wieder in seine Finger. Am Nachmittag desselben Tages kamen zwei neue Rekruten in ihre Gruppe, und dann hieß es auch schon vorbereiten zum Abmarsch.

Die nächsten Tage waren gekennzeichnet von Märschen!

Über teilweise grundlos gewordene Straßen und Wege bahnten sich die Kompanien und Bataillone ihren Weg. Während Teile der Division sich in den Lugi-Sümpfen mit den Russen herumschlugen, war die Masse der Division mehr oder weniger zum Nichtstun verdammt.

„Also, jetzt ist es amtlich", meinte Lechner, nachdem er in die kleine Bauernkate eingetreten war. „Unsere Division soll Krassnogwardeisk nehmen."

Wu-Bumm, bumm! Eine Lage Granaten der russischen schweren Artillerie hieb außerhalb des Dorfes in den Wald und riß tiefe Trichter. Haushohe Dreckfontänen stiegen empor. Bäume, die seit Jahrzehnten gewachsen waren, wurden wie Streichhölzer geknickt und durch die Luft gewirbelt. Unwillkürlich zogen die Männer der Gruppe Lechner die Köpfe ein. Die noch vorhandenen Fensterscheiben klirrten leise, und von der Decke rieselte Staub. Schon den ganzen Vormittag tastete der Iwan das Gelände und das Dorf ab, in dem die Kompanie lag. Von weiter hinten gab die eigene Artillerie Antwort. Seit einem Tag schoß sich die Divisionsartillerie auf die im Vorfeld von Krassnogwardeisk gelegenen Stellungen der Sowjets ein. Von Gefangenen und Überläufern wußte man, daß es sich dabei um gut ausgebaute Feldstellungen handelte. Panzergräben und Betonbunker sollten die Deutschen am weiteren Vordringen hindern.

Die Stadt selbst war zu einer Festung ausgebaut worden, eine Nachricht, die eigentlich nichts Neues mehr für die Soldaten war. Der Russe hatte längst jedes Dorf und jede Stadt im Vorfeld von Leningrad in eine Festung verwandelt.

Ein tiefes Brummen in der Luft unterbrach Lechner bei dem, was er sagen wollte. Schnell schwoll das Brummen zu einem Dröhnen an, und dann war das Heulen und Winseln fallender Bomben zu vernehmen. „Raus!" brüllte jemand, und noch während die Landser aus der Hütte in den nächsten Splittergraben stürzten, donnerte die erste Bombe unweit des Dorfrandes in den Grund. Eine riesige, dunkle Erdfontäne stieg empor, und die Erde erzitterte wie bei einem heftigen Erdbeben. Steine, Erde und Holzstücke prasselten auf den Boden zurück. Glühendheiße Bombensplitter sirrten durch die Luft und zerhackten Mauerwerk und Holz. Von irgendwoher nahmen einige Zwozentimeter die

„Schlächter“ unter Feuer. In schneller Folge jagten ihre Geschosse den feindlichen Il-2 entgegen. Ein tödliches Netz aus Sprenggranaten spann sich vor die Iljuschins. Doch die Piloten dieser schwer gepanzerten „Vögel“ ließen sich davon kaum beeindrucken. Ununterbrochen brach die Erde in immer neuen Explosionen auf. Mit jedem neuen Anflug hämmerten die Maschinenkanonen der Schlachtflugzeuge lange Garben hinaus, deren Einschläge, wie an einer Schnur gezogen, die Dorfstraße entlangsteppten. Flach drückten sich die Soldaten an den Boden und krallten sich mit den Fingern in die bebende Erde. Ein erneuter Anflug! Wieder mit aus allen Rohren feuernden Bordwaffen. Noch einmal drehten die roten Schlachtflieger auf das Dorf ein, donnerten im Tiefflug darüber hinweg, dann waren die Iljuschins auch schon wieder verschwunden.

„Los, hoch! Nachsehen, ob irgendwo unsere Hilfe gebraucht wird.“ Lechner trieb seine Gruppe aus dem Splittergraben. Mehrere Bomben waren am östlichen Dorfrand eingeschlagen. Die Häuser dort waren zum größten Teil dem Erdboden gleichgemacht und die Trümmer überallhin verstreut worden. Zwischen Sprengtrichtern und schwelenden Balken rannten Soldaten umher. Befehle wurden gerufen, und Troßleute versuchten, beruhigend auf die mit angstgeweiteten Augen an den Trensen zerrenden Pferde einzuwirken. Da und dort waren einige Landser dabei, leicht- und schwerverletzte Kameraden zu bergen. Durch einen Volltreffer auf einen Erdbunker war beinahe eine ganze Gruppe ausgelöscht worden, die sich dort aufgehalten hatte.

„Das fängt ja gut an!“ kommentierte Künzel den Angriff. „Kaum hier, schon schickt uns der Iwan seine Flieger auf den Hals.“ Zusammen mit zwei weiteren Grenadieren machte er sich an einem Haufen Trümmer zu schaffen, der einmal ein Haus gewesen war. „Wo nur immer die Unseren bleiben, wenn man sie mal braucht.“

„Dort“, kommentierte Seliger. Er hatte sich erhoben und deutete mit dem Daumen in Richtung Krassnogwardeisk. Weit entfernt, zwischen den wenigen weißen Wolken, die sich am Himmel zeigten, hingen ganze Trauben schwarzer

Punkte. Dort war die deutsche Luftwaffe seit beinahe einer Stunde dabei, die erkannten gegnerischen Stellungen mit Bomben zu belegen. Nach und nach stürzten sich ganze Ketten von Ju 87 in Richtung Boden, von wo andere Stukas sich bereits wieder dem Himmel entgegenschraubten. Weiter oben kreisten Schwärme von deutschen Jägern. Ihre Aufgabe war es, die Bomber vor den sowjetischen Jagdmaschinen abzuschirmen. Trotz der starken Präsenz der deutschen Jagdwaffe versuchten die russischen Piloten hartnäckig, auf Schußweite heranzukommen. Oft genug gelang ihnen das auch. Immer wieder zeigte eine schwarze, nach unten ziehende Rauchfahne den Abschuß eines Flugzeuges an. Ob es sich dabei um eigene oder gegnerische handelte, konnte von den beobachtenden Soldaten keiner feststellen.

„Na, das ist ja wieder mal typisch. Dort vorne fliegen sie wie die Mücken um die dampfende Jauche, und hier macht uns der Iwan in aller Ruhe zur Sau."

„Maul nicht und pack lieber mit an!"

Nach einer Stunde stand fest, daß der Angriff den im Dorf liegenden Einheiten vier Tote und fast ein Dutzend Verwundete gekostet hatte.

In den Abendstunden wurde das 1. Bataillon dann weiter nach vorne verlegt. Die Ausgangsstellungen für den Angriff am nächsten Tag wurden eingenommen. Das erste Angriffsziel auf dem Weg nach Krassnogwardeisk hieß Korpikowo.

Die frühen Morgenstunden des 9. September brachten zunächst einmal dichten Nebel. Schwer und feucht hingen die grauen Schwaden in und über den Wäldern. Nur langsam wich die Dunkelheit der Nacht dem anbrechenden Morgen. Ununterbrochen tropfte das Wasser von den sich langsam zu verfärben beginnenden Baumkronen. Die Kühle des Morgens und die sich in die Uniformen ziehende Nässe ließen die übermüdeten Grenadiere in der letzten Nacht kaum zur Ruhe kommen. In sporadischen Abständen tastete die russische Artillerie während der vergangenen Stunden den Wald ab. Zu all dem zogen russische Störflugzeuge während der ganzen Nacht über die Bereitstellungen der Deutschen hinweg. Immer wieder detonierten die von den „Nebelkrähen“ abgeworfenen Bomben und sorgten so zusätzlich für Unruhe.

„Zusammenbleiben, Männer! Nicht den Anschluß verlieren.“ Die Einweiser im Bereitstellungsraum hatten alle Hände voll zu tun, um die Kompanien in ihre endgültigen Ausgangsstellungen einzuweisen. Schon bevor der Angriff begann, machte der dichte Wald den Grenadieren schwer zu schaffen. Es bedurfte des ganzen Geschickes der Einweiser, ein Durcheinandergeraten der einzelnen Einheiten zu verhindern. Der noch immer herrschende Nebel machte diese Aufgabe nicht gerade leichter.

„Mensch, mir ist scheißkalt!“ Scholz versuchte, sich durch Auf-der-Stelle-Trampeln ein wenig Wärme zu verschaffen. „Erst jagen sie dich durch den Urwald hier, daß dir der Schweiß in Bächen runterläuft, und dann lassen sie dich ewig warten in der verdammten Kälte.“ Tatsächlich war es noch immer empfindlich kalt, und das, obwohl sich der Nebel zwischenzeitlich schon größtenteils aufgelöst hatte.

„Wirst schon noch früh genug von hier fortkommen“, meinte Schellenberg. Mit klammen, vor Dreck starrenden Fingern drehte sich der Schütze eine Zigarette. „Sieh an, der Kleine. Hast dich ja schon recht gut eingelebt die letzten Wochen. Hat dir denn deine Mami auch das Rauchen erlaubt?“ zog Scholz den Schützen auf. Schellenberg grinste und zündete sich die etwas unförmig geratene Zigarette an.

„Wahrscheinlich würde sich meine Mutter die Haare raufen, wenn sie wüßte, wie leichtsinnig der Iwan mit meiner Gesundheit umgeht.“ Mehrere donnernde Einschläge in der Nähe ließen die Männer unwillkürlich die Köpfe einziehen. „Aber recht viel gesünder leben wir hier ja alle nicht“, setzte er noch hinzu.

„Es geht los!“ Reitinger erhob sich von dem Baumstumpf, auf dem er bis eben gesessen hatte, und setzte sich den Helm auf. In der Luft lag ein fernes Brummen, das trotz der lebhafter werdenden russischen Artillerie stetig lauter wurde. Immer mächtiger schwoll das Dröhnen von Flugzeugmotoren an. Über die Köpfe der Angreifer hinweg zogen die Staffeln der deutschen Kampfflugzeuge. Ein Gespinst aus Feuerschnüren der leichten Flak nahm die Bomber in Empfang. Dazwischen quollen überall die weißen Sprengwolken der mittleren und schweren Flak auf. Unbeirrt von der russischen Abwehr zogen die Flugzeuge ihre Bahn. Nur wenige Augenblicke später ließen die ersten Explosionen von schweren Bomben die Erde erzittern. Abermals ging auf die russischen Stellungen vor Krassnogwardeisk ein wahres Stahlgewitter nieder. Der Angriff auf die Leningrader Schutzstellung begann. Korpikowo, das erste Angriffsziel an diesem Tag, sollte bis 13.00 Uhr genommen werden.

„Sehen Sie zu, daß Ihre Leute in Bewegung bleiben. In einer Stunde müssen wir das Kaff genommen haben!" Major Kleinfeld blickte auf seine Uhr. Beinahe Mittag. Seit fast einer halben Stunde stolperten die Grenadiere durch diesen dichten Urwald. Auch den anderen Bataillonen des Regimentes erging es nicht besser. In der letzten Viertelstunde war der Wald immer ungangbarer geworden. Für die wenigen hundert Meter, die sie laut Karte von Korpikowo trennten, brauchten die Soldaten wesentlich mehr Zeit, als im entferntesten angenommen worden war. Hier zeigte es sich wieder einmal: Einen Angriffsplan mit zeitlich genauen Abläufen zu entwerfen war etwas entschieden anderes, als diesen dann in die Realität umzusetzen. Der vor ihnen liegende Urwald hatte den Zeitplan des Angriffs schon längst durcheinandergeworfen.

„Und schärfen Sie Ihren Leuten nochmals ein, auf Baumschützen und Sprengfallen zu achten. Sie wissen, daß der Iwan für den Waldkampf besonders gut ausgebildet ist." Damit war für den Bataillonskommandeur die kurze Besprechung beendet. Währenddessen waren die Kompanien weiter durch den verfilzten Wald vorgedrungen.

„Dieses Mistkaff muß doch endlich auftauchen!" Leutnant Brandel wischte sich den Schweiß von der Stirn. Inzwischen stand die Sonne hoch am Himmel, und es war zum Glück um einiges wärmer geworden. Allerdings konnte man trotz der Helligkeit des Spätsommertages kaum erkennen, was vor einem lag. Die sich vor den Soldaten aufbauende Wand aus Bäumen, tiefhängenden Ästen und Gestrüpp ließ es nicht zu, mehr als zwanzig Meter weit zu sehen. Zusätzlich machte den Deutschen das dichte Unterholz zu schaffen. Überall blieb man mit der Uniform oder den Waffen an Ästen und Dornenranken hängen. Es gab kaum einen Landser, der nicht schon blutige Schrammen aufzuweisen hatte.

Unvermittelt drang vom rechten Nachbarn Schützenfeuer herüber. Schnell verstärkte sich von dort der Gefechtslärm. Dann, von einem Sekundenbruchteil zum anderen, begann sich der Wald vor dem Bataillon in ein feuerspeiendes Monstrum zu verwandeln. Aus einer bis jetzt den Deutschen unbekannten Bunkerlinie in unmittelbarer Höhe des Angriffszieles eröffneten die Sowjets das Feuer. Augenblicklich war die Luft vom Schreien der Soldaten und dem höllischen Geknatter der Infanteriewaffen erfüllt. Zischend und heulend sausten die ersten Lagen russischer Werfergranaten herab. Berstend detonierten die Geschosse in den Baumkronen und am Waldboden. Die Wirkung der Baumkrepierer war fürchterlich! Holz- und Granatsplitter flogen in weitem Umkreis umher und sorgten für erste Ausfälle. Schreie von Verwundeten übertönten den Kampflärm. Überall warfen sich die vollkommen überraschten Soldaten zu Boden und nahmen den Feuerkampf auf. Allerdings war das bei weitem nicht so einfach. Während die Russen in gut vorbereiteten Stellungen und Bunkern saßen, konnten sich die Angreifer nur auf den spärlichen Schutz der Bäume, hinter die sie sich geworfen hatten, verlassen. Sobald einer der Soldaten auch nur den Versuch unternahm, sich in eine bessere Position zu begeben, verstärkte sich das Abwehrfeuer der Russen zur Raserei. Ein gezieltes Bekämpfen der Sowjets war in dieser Phase nur schwer möglich.

Zu allem Übel waren die Kompanien auch noch auf ein geschickt angelegtes Minenfeld aufgelaufen. Das Detonieren mehrerer Schützenminen und die kurz darauf folgenden gräßlichen Schreie der Verstümmelten ließen die Grenadiere erschauern. Minen! Ein Feind, der noch heimtückischer war als die vor ihnen liegende Bunkerlinie. Jeder Schritt, jede noch so kleine Bewegung konnte jetzt über das eigene Ende entscheiden.

„Eingraben!“ brüllten die Gruppenführer gegen den herrschenden Lärm an. Dann hieß es: „Pioniere vor!“

Keuchend und schwitzend schob sich ein Pioniergefreiter neben Klamm, während ringsum noch immer die Hölle tobte. „Los, rutsch´ mal zur Seite, Kamerad!“ Ohne weiter zu warten, drückte sich der Soldat neben Klamm in die schmale Schützenmulde, die schon dem Gefreiten kaum ausreichend Deckung bot. Unmittelbar vor dessen Mulde steppte eine Reihe von Einschlägen eines Maxim entlang. Giftig pfiffen die Querschläger über die flach an den Boden gepreßten Männer hinweg.

„Idiot!“ brüllte Klamm den neben ihm Liegenden an. „Mußt dem Iwan auch noch genau zeigen, wo ich bin“, schimpfte er weiter. Umständlich schob er den Karabiner vor sich auf den Rand der Deckung. Er visierte eines der vielen zuckenden Mündungsfeuer an, die jedes einen feindlichen Schützen markierten.

„Nun mach mal halblang, Kamerad. Hier liegenbleiben bringt doch nichts. Ohne uns kommt ihr doch gar nicht mehr voran. Sieh lieber zu, daß du mir ordentlich Feuerschutz gibst, während ich hier nach Minen stochere.“ Dann schob sich der Pionier auch schon wieder aus der Mulde heraus. Überall im Bataillonsbereich waren die Pioniere am Werk. Kriechend, vorsichtig mit dem Seitengewehr in der Erde stochernd, bahnten sie dem Bataillon im feindlichen Feuer einen Weg durch das tückische Minenfeld. Eine aufreibend langsame und selbstmörderische Tätigkeit. Nicht ohne tiefe Bewunderung blickten die Grenadiere auf diese Kameraden, die im feindlichen Feuer ihr Äußerstes gaben, um den nachfolgenden Truppen einen Weg zu bahnen. Während deutsche Artillerie, gelenkt durch die in vorderster Front liegenden VBs, damit begann, auf die Widerstandslinie zu trommeln, räumten die Pioniere Minen und Sprengfallen aus dem Weg. Durch den an dieser Stelle unerwarteten und äußerst heftigen Feindwiderstand hatte sich der Zeitplan zur Erreichung des ersten Angriffszieles noch weiter verschoben. Erst in den Nachmittagsstunden konnte der Angriff zur Einnahme von Korpikowo endlich wieder aufgenommen werden.

Obwohl die deutsche Artillerie durch gezieltes Feuer bis dahin einen guten Teil der russischen Stellungen zerstört hatte, wurden die folgenden Stunden keineswegs leichter. Die Sowjets krallten sich an jeden Meter des umgewühlten Bodens. Unterstützt von ihrer eigenen Artillerie und den Granatwerfergruppen setzten sie den Deutschen erbitterten Widerstand entgegen. Erst als es bereits zu dämmern begann, gelang es den Grenadieren, die Bunkerlinie an einer Stelle zu durchbrechen. Noch aus dem Angriff heraus wurde die Durchbruchstelle erweitert und die russischen Stellungen von den Flanken her systematisch aufgerollt. Dabei mußte beinahe jeder Bunker einzeln genommen werden. Anschließend wurden diese von Pionieren durch Sprengung unbrauchbar gemacht. Kurz vor dem endgültigen Hereinbrechen der Dunkelheit zog sich der Feind endgültig auf Korpikowo zurück, die hart nachdrängenden Deutschen dicht auf den Fersen. Das Regiment wollte unbedingt ein erneutes Festsetzten der Sowjets noch vor der Dunkelheit verhindern. Dennoch gelang es den Grenadieren nur mehr, den südlichen Ortsrand in ihren Besitz zu bringen. Um unnötige Verluste während der Nacht zu vermeiden, wurde der weitere Angriff auf Krassnogwardeisk auf den nächsten Tag verschoben. Die Angriffsunterbrechung während der Nacht wurde zum Heranführen des Nachschubes und zur Verpflegung der Kompanien genutzt. Die Verwundeten und Gefallenen dieses verlustreichen Tages konnten von den Krankenträgern nach hinten abtransportiert werden. Durch das Vordringen der Deutschen mußte der Russe Teile seiner Artillerie umgruppieren, was dazu führte, daß in dieser Nacht nur leichtes Störfeuer auf dem von den Grenadieren genommenen Gelände lag. Dies ermöglichte auch den Deutschen, weitgehend ungestört Umgruppierungen, soweit sie nötig waren, vorzunehmen.

Auch die nächsten beiden Tage brachten heftige Kämpfe im Vorfeld von Krassnogwardeisk. Dunkle Rauchwolken und daraus immer wieder emporspringende Erdfontänen verwehrten die Sicht auf die hinter dem Panzergraben liegenden Stellungen der Russen.

Seit einer halben Stunde tobte die deutsche Artillerie in der sowjetischen Hauptkampflinie. Mit mächtigen Schlägen hieben die Granaten der schweren Feldhaubitzen auf die Betonbunker und ließen diese bis in ihre Grundfesten erzittern. An vielen Stellen war der Panzergraben längst durch die immer wieder erfolgten Bombenangriffe der deutschen Kampfflugzeuge eingeebnet. Dennoch waren die Kompanien vor diesem kaum noch vorhandenen Hindernis liegengeblieben. Die stark armierten Bunker und Kampfstände der Sowjets hinderten die Deutschen am weiteren Vorgehen. Trotz der vorausgegangenen Bombardements der vergangenen Tage waren genügend Anlagen übriggeblieben, um den Angreifern das Leben schwerzumachen. Auch aus zwischen den Bunkerstellungen in die Erde eingegrabenen Panzern vom Typ KW I und KW II schlug den Grenadieren heftiges Feuer entgegen. Diese mächtigen Stahlkästen waren schon kleine Bunker für sich. Die nur knapp über die Erde hinausragenden Panzertürme waren von der deutschen Artillerie nur sehr schwer zu fassen. Und die 3,7-cm-Pak der Panzerjäger zeigte gegen die dicke Panzerung der Türme kaum eine oder gar keine Wirkung. Selbst direkte Treffer steckten die gegnerischen Kampfwagen ohne sichtbare Blessuren weg. Es war, als wenn man mit Erbsen auf Elefanten schoß. Zweimal schon war der Angriff vor der stark armierten Verteidigungslinie der Russen zum Stehen gekommen. Jetzt wollte man den Bunkern und Kampfständen mit speziellen Stoßtrupps zu Leibe rücken. Jeder Trupp bestand aus einigen Grenadieren, denen zwei oder auch drei Pioniere beigegeben waren. Diese waren mit speziellen Sprengmitteln ausgerüstet, um die von der Artillerie nicht zu erfassenden Bunker zu knacken. Man hoffte beim Regiment darauf, auf diese Weise eine Bresche in die sowjetische Verteidigung brechen zu können. Die schon am Vortage geöffneten Minengassen waren in der vergangenen Nacht noch erweitert worden. So waren zumindest von dieser Seite keine Überraschungen mehr zu erwarten. Sobald durch die Stoßtrupps erste Lücken in die Bunkerlinie gesprengt waren, sollte die Masse der Angriffstruppen nachrücken, um die Lücken zu erweitern und so den Durchbruch zu erzwingen.

Fast taub vor Lärm und frierend vor Aufregung und Kälte, kauerten an diesem Morgen die Männer der Stoßtrupps in ihren Löchern am Panzergraben. Vor ihnen, keine einhundert Meter entfernt, schien seit einer Viertelstunde die Welt unterzugehen. Ununterbrochen jaulten die Granaten der eigenen Artillerie heran und hieben jedes Mal mit fürchterlicher Gewalt auf das schon längst dutzendfach umgewühlte Gelände vor ihnen ein. Nach menschlichem Ermessen konnte dort kaum noch jemand am Leben sein. Und doch wußten die Grenadiere, daß dem nicht so war!

Die teilweise zweistöckig in den Boden gebauten Betonbunker wiesen eine erstaunliche Beschußfestigkeit auf. Das von ihnen ausgehende mörderische Feuer der Maschinenwaffen konnte das dazwischenliegende Gelände ohne weiteres abdecken. Auch wenn die Feldstellungen der Sowjets hier bereits mehrfach von deutschen Granaten umgewühlt und aufgebrochen wurden, blieb die Abwehrfähigkeit beinahe zu einhundert Prozent erhalten. Durch die geschickte Anlage der Bunker und Kampfstände gab es für den Angreifer keinen toten Winkel, auf den er hoffen konnte. Das im Moment wütende Artilleriefeuer diente also in erster Linie dazu, den auf die Bunkerlinie angesetzten Stoßtrupps ein möglichst unerkanntes Heranarbeiten an die Sperrwerke zu gewähren.

Die Männer um den Obergefreiten Wollsperger drückten sich gegen den Rand des Granattrichters, in dem sie Deckung gefunden hatten. Mit dem Obergefreiten waren zwei weitere Pioniere, bepackt mit Sprengmitteln, gekommen. Außerdem führten sie mehrere Nebelhandgranaten mit sich. Schon des öfteren hatte sich dieses Kampfmittel als äußerst nützlich erwiesen. Sie waren nicht nur dafür gut, dem Feind eventuell die Sicht zu nehmen, sondern konnten genauso zum Ausräuchern eines Kampfstandes genutzt werden. Zur Gruppe des Obergefreiten gehörten außerdem Reitinger mit seinem Schützen Zwo, Klamm und Zacher. Unteroffizier Lechner hatte dem Pionier seine, wie er es nannte, besten Pferde im Stall mitgegeben. Er selbst würde mit dem Rest der Gruppe vorgehen, sobald es die Lage zuließ. Der Ablauf des Angriffs sollte bei jeder Kompanie gleich verlaufen. Jeder Zug hatte zusammen mit einigen Pionieren einen Stoßtrupp gebildet, der dem dahinter folgenden Zug eine Lücke in den Verteidigungsgürtel schlagen sollte.

„Also, Leute. Ihr wißt, was ihr zu tun habt!" Wollsperger hatte gegen den Lärm anbrüllend noch einmal in knappen Worten seinen Plan zurechtgelegt. „Das MG bleibt erstmal hier und übernimmt für uns den Feuerschutz. Moser und Klamm kommen mit und sichern uns gegen eventuelle Überraschungen ab!" Der Obergefreite schnippte den Rest seiner Zigarette über den Trichterrand. Ein Blick auf seine Uhr verriet ihm, daß die eigene Artillerie noch acht Minuten feuern würde. Minuten, die ihnen genügen mußten, um nahe genug an den vor ihnen liegenden Bunker heranzukommen.

Seine Hoffnung war, sich wenigstens bis auf fünfzig Meter an den Betonklotz heranarbeiten zu können. Das Risiko, von der eigenen Artillerie getroffen zu werden, mußten sie dabei in Kauf nehmen. Wenn sie es nicht schafften, nahe genug heranzukommen, bevor der Beschuß aufhörte, würden sie unweigerlich von den Waffen des Bunkers festgenagelt werden.

Noch sechs Minuten! Wollsperger blickte seine Männer an. In jedem der verdreckten Gesichter stand die beinahe unmenschliche Anspannung geschrieben, unter der sie jetzt standen. Er nickte. Ohne weitere Worte schoben sich die Soldaten, einer nach dem anderen, aus dem Trichter heraus. Vor ihnen tobte nach wie vor das Stahlgewitter der eigenen Artillerie. Die Druckwellen der schweren Explosionen fegten über sie hinweg und zerrten an den Uniformröcken. Ein stetig an- und abschwellender Druck, der das Trommelfell empfindlich quälte. Meter für Meter, naß vor kaltem Schweiß und angespannt bis zum Äußersten, schoben sich die Landser, auf dem Bauch kriechend, voran. Trotz des Artilleriefeuers konnten sie jederzeit von einer der Bunkerscharten aus erkannt und bekämpft werden.

Noch fünfzig Meter!

Immer wieder jaulten und surrten glühendheiße Granatsplitter über ihre Körper hinweg. Die Landser versuchten, sich noch flacher an die Erde zu pressen. Wohl jeder spürte die bange Erwartung in sich, gleich von einem Splitter der eigenen Granaten durchbohrt zu werden. Ein ekelhaftes Gefühl, das einem den Magen herumzudrehen drohte. Wollsperger gab das Zeichen, sich weiter vorzuarbeiten. Links und rechts neben ihm schoben sich die schwerbepackten Pioniere vor. Jeder hatte gut fünfzehn Kilogramm Sprengstoff dabei. Die Maschinenpistole auf dem Rücken und die Ersatzmagazine wogen zusätzlich. Klamm und Zacher schleppten des weiteren etliche Handgranaten mit sich. Es war eine elende Schinderei für diese Männer. Das Herz schlug ihnen dabei bis zum Halse, und die Lungen brachten kaum noch den nötigen Sauerstoff heran, den der Körper zum Funktionieren von ihnen verlangte. Doch die Angehörigen der Stoßtrupps wußten, was vom Gelingen des Unternehmens abhing.

Noch vierzig Meter!

Eben rauschte die letzte Lage heran und hieb berstend in den Boden. Noch während die Erdfontänen in sich zusammenfielen, hatte sich die Gruppe erhoben und stürmte mehrere Schritte vor. Gleichzeitig damit sprühten bereits aus einer der Bunkerscharten bläuliche Flämmchen. Wie vom Blitz gefällt, warfen sich die Soldaten zu Boden. Nur wenige Zentimeter über ihre Köpfe hinweg zischten die Kugeln des Maxim und ließen irgendwo hinter ihnen die Erde aufspritzen. Von dort, wo Reitinger lag, ertönte das charakteristische Rattern des MGs 34. In kurzen Feuerstößen zog die Leuchtspur des MGs an den Männern vorbei und stanzte rund um die Scharte kleine Löcher in den Beton. Entlang der ganzen Front war das Knattern des Infanteriefeuers zu hören und löste so den eben noch ohrenbetäubenden Lärm der Artillerie ab.

Wollsperger schob sich den nach vorne gerutschten Stahlhelm aus dem Gesicht. Er hob vorsichtig den Kopf etwas an. Sie mußten unbedingt eine Möglichkeit finden, an den Bunker heranzukommen. Obwohl Reitinger mit seinem Maschinengewehr auf eine der Scharten schoß, ließ sich der russische MG-Schütze kaum beeindrucken. Zudem begann jetzt auch das zweite russische MG zu feuern und schoß sich auf das deutsche ein.

Wollsperger überlegte fieberhaft, wie sie sich dem feuerspeienden Monstrum vor ihnen am besten nähern konnten. Der Bunker besaß drei Scharten. Soviel wußte der Unteroffizier. Aus zweien davon züngelten noch immer die Flammen der schweren MGs. Die dritte konnte er von seiner Position aus nicht sehen, obwohl er sie hätte sehen müssen. Dies ließ nur den Schluß zu, daß die Scharte durch einen Nahtreffer der Artillerie zugeschüttet war. Tatsächlich konnte der Pionier an der linken Ecke des Bunkers einen Erdaufwurf erkennen, vor dem ein gewaltiger Krater in der Erde gähnte. Von der dort befindlichen Scharte hatten sie zumindest für den Moment nichts zu befürchten. Wollsperger erkannte hier sofort ihre Chance.

„Brinkmann! Sieh mal zur linken Ecke des Bunkers!"

„Schon erkannt", gab der unmittelbar neben ihm liegende Gefreite zurück. „Los, Klamm. Du kommst mit mir. Mal sehen, ob wir so an den Kasten rankommen." Vorsichtig schoben sich die beiden weiter nach links. Über sie hinweg pfiffen immer wieder die Kugeln eines der Maxim. Obwohl beide Scharten von Reitinger und den weiter vorne liegenden Soldaten unter Feuer genommen wurden, ließen sich die russischen MG-Schützen nicht aus der Ruhe bringen. Die Bedienungen der Maschinengewehre schienen über Nerven aus Drahtseilen zu verfügen.

„Nebelgranaten!" brüllte Wollsperger. Schon flog eine der Handgranaten in Richtung des Bunkers. Unmittelbar dahinter die zweite. Blaffend zersprangen die beiden Granaten. Zäher, weißgrauer Dampf wallte auf und legte sich zwischen die Männer des Stoßtrupps und die Bunkerscharten. Aber nur für einen kurzen Augenblick verstummte dadurch das MG-Feuer, um danach um so heftiger wieder aufzuflammen, wenn auch nicht mehr so gezielt wie zuvor. Aber die Russen wußten, was kommen würde, und feuerten jetzt ohne Unterbrechung. Obwohl der Rauch die Deutschen vor den Blicken der Bunkerbesatzung verbarg, war ihr Vorhaben nicht weniger gefährlich. Zudem wurde die Rauchentwicklung durch den herrschenden Wind stark beeinträchtigt. Schon begann der Rauchvorhang wieder zu zerfasern.

Dennoch brachten die wenigen Sekunden Verwirrung beim Gegner genau den Vorteil, den sich Wollsperger erhofft hatte. Brinkmann und Klamm konnten sich in diesen wenigen Augenblicken so weit an die linke Flanke des Bunkers heranarbeiten, daß sie sich im toten Winkel der beiden anderen MGs befanden.

Keuchend ließen sich die zwei Soldaten in den vor der Scharte klaffenden Trichter rutschen. Zwei, drei Atemzüge zum Verschnaufen und um die zum Zerreißen angespannten Nerven ein wenig zu beruhigen. Ein kurzer Blick zur Orientierung. Die an den Bunker anschließende Feldstellung war noch feindfrei. Aber das konnte sich von einem Augenblick zum anderen ändern.

„Hör zu, Kumpel", wandte sich der Pionier an Klamm, „ich versuche, auf das Dach des Bunkers zu kommen. Von dort aus werde ich bestimmt irgendwie an die Schießscharten herankommen. Behalte du derweil den Graben im Auge."

Währenddessen hatte sich Brinkmann eines Teils seiner Sprengmittel entledigt. Noch bevor Klamm irgend etwas sagen konnte, war der Pionier bereits aufgesprungen. Mit zwei, drei Sätzen war er an der Seite des Bunkers. Vor ihm erhob sich die graue Betonwand etwa zwei Meter über den Boden. Brinkmann schmiß seine beiden 3 kg-Ladungen auf das Dach. Dann versuchte er, sich selbst hochzuziehen. Doch seine Hände fanden an den abgerundeten Ecken des Bunkerdaches kaum Halt. Auch ein zweiter Versuch brachte nicht den gewünschten Erfolg. Zu alledem wurde jetzt das Artilleriefeuer der Sowjets immer stärker. In bedrohlicher Nähe schlugen Granaten der leichten sowjetischen Granatwerfer in die eigenen Stellungen und verstreuten ihre tödlichen Splitter in der gesamten Gegend. Offenbar hatte die Bunkerbesatzung das Feuer auf ihren eigenen Standort angefordert.

„He, Klamm! Komm her und hilf mir!" brüllte Brinkmann gegen den Kampflärm an. „Ich komm´ nicht auf das verdammte Dach." Klamm sprang auf. Einen Augenblick später stemmte er den Pioniergefreiten mit ineinander verschränkten Händen auf das Bunkerdach. Während Klamm sofort wieder in die Hocke ging und sicherte, schob sich Brinkmann, flach auf dem Bauch liegend, an die Vorderseite des Betonklotzes. Etwa einen Meter unter ihm hämmerte eines der Maxim seine Feuerstöße den Kameraden entgegen, die festgenagelt im Vorfeld lagen. Der Rauch der Nebelgranaten war längst vom Wind davongetragen worden.

Brinkmann zog eine der beiden 3 kg-Ladungen zu sich heran. Vorsichtig schob er sich mit der Ladung so weit nach vorne, wie er konnte. Unter ihm hämmerte das Maxim seine stoischen Feuerstöße hinaus. Er wollte die Ladung direkt vor der Scharte zur Detonation bringen. Mit tausendmal geübten Griffen war die Ladung nur wenige Augenblicke später scharfgemacht. Er schob sie vor sich über den Rand und rollte sich dann nach hinten weg. Nur wenige Sekunden danach ertönte eine donnernde Explosion. Vor dem Bunker wurde eine gewaltige Erdfontäne emporgeschleudert. Prasselnd fielen Erd- und Steinbrocken auf den Pionier herab. Noch bevor die Sprengwolke ganz in sich zusammengefallen war, kroch Brinkmann wieder nach vorne, um den Erfolg seiner Arbeit zu betrachten. Doch schon ertönten von unten abermals die hämmernden Feuerstöße des Maxim. Ganz offensichtlich war die Ladung zu weit von der Scharte entfernt detoniert und hatte keinen Schaden angerichtet.

„Mist, verdammter!" fluchte Brinkmann. So war dem MG also nicht beizukommen. Schnell kroch er dorthin zurück, wo Klamm auf ihn wartete. „He, Klamm, sieh dich mal nach irgendwas um, was ich an einer 3 kg-Ladung anbinden kann. Ich komme der Schießscharte…" Ein tückisches Rauschen in der Luft riß dem Pionier die restlichen Worte vom Mund. Wumm, Wu-Bumm. Eine Lage Werfergranaten schlug in unmittelbare Nähe des Bunkers ein. Splitter klatschten gegen den Beton und rissen faustgroße Löcher. Mit häßlichem Heulen kam schon die nächste Lage. Wu-Bumm, Bumm! Vom Dach des Bunkers mischte sich sekundengleich ein beinahe unmenschliches Brüllen in den Lärm der Werfergranaten. Brinkmann war schwer getroffen! Mehrere Splitter hatten ihm den gesamten rechten

Hüftbereich aufgerissen. Noch einmal drang einer dieser gräßlichen Schreie zu Klamm herunter, dann war es plötzlich still.

Fieberhaft überlegte der Gefreite, was er tun sollte. Noch immer hieben die Werfergranaten ringsum in den Boden. Lebte der Kamerad dort oben noch? Sollte er jetzt sein eigenes Leben in dem wahnsinnigen Feuer aufs Spiel setzen? Er dachte an die Kameraden, die vor dem Bunker festlagen. Wieder surrten mehrere Splitter mit einem häßlichen Geräusch über ihn hinweg. Ohne noch weiter darüber nachzudenken, beinahe automatisch, sprang Klamm auf! Irgend etwas schien seine Sinne so weit ausgeschaltet zu haben, daß er nur noch funktionierte. Er nahm mehr am Rande denn bewußt wahr, daß von irgendwoher auf ihn geschossen wurde. Das Schnarren von Reitingers MG antwortete. Aber er hörte eigentlich nur unbewußt, daß Reitingers MG lange Feuerstöße abgab. Jetzt existierte nur noch der verdammte Bunker!

Irgendwie gelang es ihm, sich auf das Bunkerdach zu ziehen. Schweißgebadet und zitternd vor Angst und Aufregung, schob er sich auf den Pionier zu. Vor ihm lag Brinkmann, seltsam verdreht in einer Blutlache und rührte sich nicht mehr, neben ihm die zweite 3 kg-Ladung. Schnell hatte sich Klamm davon überzeugt, daß der Pionier nicht mehr am Leben war. Während rings um ihn der Hexentanz weiterging, zog er dessen Koppel und Tragegestell aus. Mit wenigen Handgriffen war es ihm geglückt, aus den Lederriemen ein genügend langes Gebilde zusammenzubinden, an dessen Ende er die Sprengladung befestigen konnte. Irgendwie geschah das alles beinahe automatisch! Ohne weiter nachzudenken, schob er sich, auf dem Bauch kriechend, weiter vor, dorthin, wo seiner Einschätzung nach diese Scharte sein mußte. Nachdem er deren genaue Lage herausgefunden hatte, war der Rest verhältnismäßig einfach. Er machte die Ladung scharf und schob sie vor sich über den Bunkerrand. Die Sprengladung fiel nach vorne, und ein kleiner Ruck zeigte Klamm, der den Riemen fest gepackt hatte, daß sein Paket den freien Fall bereits hinter sich gebracht hatte. Zwei Sekunden später detonierte der

Sprengkörper mit einem lauten Knall direkt vor der Scharte. Durch die extreme Druckwelle wurde so das dahinterstehende MG samt dessen Bedienung regelrecht zerfetzt. Aus dem Augenwinkel heraus konnte Klamm beobachten, wie die Kameraden im selben Moment aufsprangen und auf die linke Seite des Bunkers zuhasteten. Gleichzeitig zogen von Reitingers MG lange Feuerschnüre der letzten Bunkerscharte entgegen und deckten das dortige Maxim ein.

Wenige Augenblicke später waren Wollsperger und die beiden anderen Soldaten heran. Von Klamm erfuhr der Obergefreite, daß Brinkmann leider gefallen war. Mit ernster Mine nahmen die Pioniere den Tod des Kameraden zur Kenntnis. Doch die Zeit, sich darüber Gedanken zu machen, blieb ihnen nicht! Aus einem der vielen Krater ringsum erhielten sie bereits Schützenfeuer. Die Russen versuchten, mit einem Gegenangriff die an verschiedenen Stellen eingedrungenen Deutschen so schnell wie möglich wieder aus ihren Stellungen hinauszuwerfen. Lange würden sie sich gegen die immer zahlreicher werdenden Rotarmisten ohnehin nicht halten können.

Dem Obergefreiten lief die Zeit davon!

Das letzte MG mußte unbedingt zum Schweigen gebracht werden, bevor der Zug nachrücken konnte. Zudem würde die Bunkerbesatzung das von Klamm außer Gefecht gesetzte Maxim sicher bald durch ein neues ersetzt haben. Während Klamm und Zacher auf die Sowjets schossen, hatte Wollsperger sein weiteres Vorgehen durchdacht.

„Stein, du kommst mit mir! Ihr beiden bleibt hier und haltet uns die Iwans vom Leib.“ Die beiden Pioniere krochen zur Vorderseite des Bunkers. Schnell hatten sie die Scharte mit dem von Klamm zerstörten MG erreicht. Trotz des ringsum herrschenden Kampflärms konnte Wollsperger Wortfetzen vernehmen, die aus dem Inneren des Bunkers durch die Scharte nach außen drangen. Der Obergefreite richtete sich in die Hocke auf. Er machte eine der 1 kg-Ladungen scharf und schob sie durch die Scharte. Sekunden später detonierte die Ladung. Weißgrauer Rauch drang aus der Öffnung. Derweil hatte sich Stein bereits an die andere

Scharte herangeschoben, aus der noch immer die bläulichen Flammen der Abschüsse drangen. Irgendwie mußte es ihm gelingen, den Lauf der Waffe zu blockieren, bevor er eine Sprengladung zum Einsatz bringen konnte. Er lokkerte seinen Klappspaten und zog ihn hervor. Während neben ihm die Maschinenwaffe beinahe ohne Unterlaß hämmerte, hob Stein den Spaten und rammte ihn dann mit voller Wucht gegen den in der Scharte hin und her schwenkenden Lauf. Neben ihm war Wollsperger aufgetaucht. Rasch zog der Obergefreite eine Handgranate ab und schob sie neben dem noch immer vom Spaten blockierten Lauf durch die Scharte in das Innere des Bunkers. Das aus dem Inneren herausdringende Geschrei ging in einem Sekunden später erfolgenden dumpfen Donnerschlag unter. Wollsperger schob noch eine 1 kg-Ladung hinterher!

Während Stein den Lauf des Maschinengewehrs blokkierte, waren Reitinger und Scholz aufgesprungen. Sie unternahmen einen Stellungswechsel nach vorne und warfen sich in den neben dem Bunker entlangführenden Schützengraben. Kurz darauf nahm Reitinger den Kampf gegen die immer zahlreicher aus der zweiten Linie herandrängenden Rotarmisten auf. Schon während die Pioniere das letzte MG zum Schweigen gebracht hatten, rückte der Rest des dritten Zuges weiter nach vorne. Keinen Augenblick zu spät. Denn obwohl Reitinger mit seinem MG versuchte, den Gegenangriff der Sowjets zu stoppen, wäre es ohne die heraneilenden Kameraden kaum gelungen. Erst nachdem auch die Grenadiere der jetzt angreifenden Kompanie in den Kampf eingegriffen hatten, konnte der Gegenangriff der Sowjets abgeschlagen werden. In den zusammenbrechenden Gegenangriff der Russen hinein stürmte die Kompanie und gewann so weiter Raum. Während die Sowjets zurückgedrängt wurden, erledigten die Pioniere die noch verbliebenen Bunker. Auf der Rückseite des Bunkers wurde der mit einer Eisentüre versehene Eingang aufgesprengt. Dann flog eine Handgranate in den düsteren Gang. Wollsperger brüllte „Rucki werch" in das Innere. Keine Reaktion. Eine 1 kg-Ladung flog in den Gang. Kaum war der Donner der

Detonation verklungen, brüllte der Obergefreite noch einmal seine Aufforderung. Stimmen wurden im Inneren laut. Dann kam der erste Russe mit einem Stück weißen Tuches in der Hand heraus. Ein von Pulverdampf und Ruß geschwärztes Gesicht, aus dem das Weiß der Augäpfel ängstlich hervorleuchtete, tauchte aus der qualmenden Dunkelheit auf. Hinter dem Rotarmisten kamen noch weitere. Die meisten waren verwundet. „Dawai, dawai!“ Wollsperger zeigte mit dem Lauf der MPi, daß die Russen sich beeilen sollten. Mit den Händen über dem Kopf kamen die Rotarmisten die Stufen herauf. Schnell war klar, daß sich außer den fünf Soldaten keine weiteren Überlebenden im Inneren befanden.

So wie hier war es auch andernorts. Überall drangen die deutschen Stoßtrupps trotz des zähen Widerstandes in die Verteidigungslinien ein. Sobald eines der Hindernisse kampfunfähig gemacht worden war, folgten die dichtauf wartenden Kompanien nach. Nach einer Stunde schwerer Kämpfe, die teilweise im Kampf Mann gegen Mann ausgefochten wurden, war die sowjetische Bunkerlinie vor Krassnogwardeisk durchstoßen.

Unter dem Schutz von Panzern zogen sich die Reste der sowjetischen Soldaten auf die Stadt zurück. Doch die Angreifer ließen die Russen nicht mehr zur Ruhe kommen. In schwungvoll vorgetragenen Angriffen, hervorragend unterstützt von eigenen Panzern, wurden die Soldaten der Roten Armee weiter zurückgedrängt. Am Vormittag des 13. September war das befohlene Angriffsziel, die Straßengabel am Nordwestausgang der Stadt, in deutscher Hand. Ein wichtiger Teilerfolg, denn hierdurch war die Rollbahn für weitere Operationen in Richtung Leningrad in der Hand der Angreifer.

Nach der Wegnahme von Krassnogwardeisk hatte die SS-Polizei-Division den Auftrag, den weiteren Vormarsch des L. Armeekorps nach Nordosten abzuschirmen und mit ihrer Hauptmasse gleichzeitig weiter über Kokolewo nach Puschkin und weiter nach Leningrad vorzudringen, während ihr linker Nachbar, die 6. Panzerdivision, Pulkowo nehmen sollte.

Pulkowo war die Höhe 74,9 mit dem darauf stehenden Observatorium. Von dieser nach Norden steil abfallenden Höhe lag dem Betrachter das Vorfeld und die Stadt selbst sozusagen zu Füßen. Von hier aus waren es keine zehn Kilometer mehr bis an den südlichen Stadtrand von Leningrad, etwa zwanzig Kilometer bis zum Zentrum. Schon zwei Tage vorher, am 11.September, waren die Pulkowo vorgelagerten Duderhofer Höhen und Krassnoje Sselo von den Divisionen des XXXXI. Panzerkorps genommen worden. Der Ring um die Festung Leningrad zog sich beinahe stündlich enger zusammen, und viele, sowohl Deutsche wie auch Russen, hatten wohl schon deren Fall vor Augen.

Nun war also auch das stark befestigte und mehrere Tage lang hart umkämpfte Krassnogwardeisk als letztes Bollwerk des äußeren Befestigungsgürtels um Leningrad gefallen. Jetzt war der in einem südlichen Halbkreis in etwa vierzig Kilometer vor der Stadt herumführende Verteidigungsgürtel überall durchbrochen und die stark befestigten Duderhofer Höhen der zweiten Schutzstellung bereits in deutscher Hand.

Die zweite Leningrader Schutzstellung verlief von Kolpino im Osten über Ssluzk – Puschkin – Ontolowo – Taizy – Duderhof – Krassnoje Sselo – Innolowo bis hin zur Kronstädter Bucht. Deren Entfernung zum Stadtzentrum betrug durchweg etwa 25 Kilometer. In dieser letzten Schutzstellung verfügten die Duderhofer Höhen wohl über die stärksten Befestigungen. Grob betrachtet, verfügte die gesamte zweite Schutzstellung über viele Kilometer Panzergräben. Dahinter waren die Stellungen mit Hunderten Bunkern befestigt, worunter sich sogar stärkste Betonbunker mit eingebauten Geschützen befanden. Manche dieser Betonriesen waren bis zu drei Stockwerke tief und verfügten über Wandstärken bis zu 150 cm.

Mit der überraschenden Einnahme der Duderhofer Höhen war das wohl stärkste Bollwerk bereits aus der zweiten Schutzstellung herausgerissen.

Puschkin war jetzt das Ziel der 96. und 121. Infanteriedivision des XXVIII. Armeekorps, die sich von Osten her auf die Stadt vorkämpften. Am 15. September begann der Angriff auf die alte Zaren-Sommerresidenz Zarskoje Sselo, die wie alle Dörfer und Ansiedlungen im Vorfeld Leningrads schwer befestigt war.

Zusammen mit der SS-Polizei-Division griffen rechts die 269. Infanteriedivision und links Teile der 1. Panzerdivision an. Noch waren die Panzer der Panzergruppe 4 der angreifenden Infanterie eine wertvolle, nicht zu ersetzende Hilfe. Ohne die Schlagkraft dieser Panzerdivisionen wäre Leningrad sicher noch in weiter Ferne gewesen. Noch ging es, wenn auch langsam, voran. Die Deutschen bekamen den Willen der Sowjets, Leningrad nicht ohne fanatische Gegenwehr aufzugeben, jeden Tag deutlich zu spüren.

Während sich so bei der Heeresgruppe Nord der russische Widerstand zunehmend versteifte, ging es in der Mitte und im Süden noch immer schwungvoll voran. Moskau kam mit jedem Tag näher und sollte nach dem Willen des „Führers" noch vor dem einsetzenden Winter in deutscher Hand sein. Dann aber gab Hitler der Besetzung der Krim und des Donezgebietes mit seinen Kohlebecken den Vorrang. Dies wiederum hatte eine Zersplitterung der Panzergruppen 2 und 3 zur Folge. Der konzentrische Angriff auf Moskau wurde vorerst hinter die nunmehr anlaufenden Operationen zurückgestellt. Sobald diese dann zu einem erfolgreichen Abschluß gekommen wären, sollte der Angriff auf Moskau wieder aufgenommen und noch vor Einbruch des Winters durch die Einnahme der Stadt abgeschlossen sein. Dann, so die allgemeine Hoffnung, würde der Krieg im Osten entweder so gut wie gewonnen oder tatsächlich gewonnen sein. In diesen Tagen also, in denen sich das Schicksal Leningrads zu entscheiden schien, traf man an anderer Stelle bereits Vorbereitungen für den entscheidenden Angriff auf Moskau. Dazu allerdings war es nötig, die noch immer im Verband der Heeresgruppe Nord kämpfenden Panzerdivisionen herauszulösen und der Heeresgruppe Mitte zuzuführen, um so deren Schlagkraft erheblich zu steigern. Das hiermit ein tatsächlich kriegsentscheidender Eingriff vorgenommen wurde, ahnte zu diesem Zeitpunkt natürlich noch niemand. Noch waren die

Panzerdivisionen vor Leningrad und griffen zusammen mit der Infanterie die letzten verbleibenden Stellungen der Sowjets an.

Der Morgen des 15. September begann trübe und kalt heraufzudämmern. Die letzten Stunden vor dem Angriff auf die der Stadt Puschkin vorgelagerten feindlichen Stellungen vergingen nur zäh. Die noch immer in ihren Sommeruniformen kämpfenden Landser bekamen jetzt täglich einen kleinen Vorgeschmack auf die näherrückende Kälte des Winters. Inzwischen gab es kaum noch einen Morgen, an dem nicht leichter Reif an Gräsern und Blättern zu finden war. Obwohl es tagsüber noch immer angenehm warm wurde, kühlte es nach Sonnenuntergang schnell und empfindlich ab. Und jetzt ging die Sonne bereits merklich früher unter, als zu Beginn des Monats. Dennoch herrschte bei den Soldaten und Stäben zuversichtliche Stimmung. Der Fall Leningrads war für sie nur noch eine Frage von Tagen oder schlimmstenfalls von wenigen Wochen. Wenn sich die Stadt erst einmal in deutscher Hand befand, konnte der Winter den Soldaten kaum noch etwas anhaben. Hier ließen sich dann winterfeste Stellungen ausbauen und bis zum Frühjahr halten, wenn es denn überhaupt noch notwendig war.

Schon seit den frühen Morgenstunden erfüllte das dumpfe Dröhnen der Flugzeugmotoren die herbstliche Luft. Puschkin lag im Bombenhagel der deutschen Kampfflugzeuge. Aber auch russische Bomber und Schlachtflugzeuge zeigten sich am Himmel. Da und dort entspann sich ein Luftkampf zwischen „Ratas“ und den Me 109, wobei die deutschen Jagdpiloten mit ihren wendigeren Maschinen den Russen meist eindeutig überlegen waren.

In einem Wäldchen nahe der Straße nach Puschkin sprangen die ersten Panzermotoren an. Während die Fahrer der Sturmgeschütze die noch kalten Motoren durch mehrmaliges Betätigen des Gaspedals auf Betriebstemperatur brachten, kletterten die Grenadiere auf die Ladeflächen der ihnen zugewiesenen Schützenpanzer. Die Luft vibrierte unter den überall im Leerlauf rumorenden Motoren der Kettenfahrzeuge und der seit zehn Minuten andauernden Bombardierung der russischen Stellungen. Abgaswolken mischten sich mit dem Gestank der Kordhitdämpfe der explodierenden Bomben, die durch den Wind zu den Stellungen der Landser herübergeweht wurden. Vereinzelt meldete sich auch die russische Artillerie zu Wort. Da und dort detonierten ihre Granaten, ohne dabei nennenswerten Schaden anzurichten. Durch das Bombardement der sowjetischen Stellungen waren die vorgeschobenen Beobachter der gegnerischen Artillerie entweder schon ausgeschaltet worden, oder sie hatten sich verkrochen. Dort, wo die sowjetische Artillerie auch ohne genaue Angaben von Koordinaten schoß, stürzte sich meist unmittelbar darauf ein Sturzkampfbomber der Deutschen auf die Stellung und schaltete sie mit einem gezielten Bombenwurf aus.

Die Soldaten der 2. Kompanie waren auf die für sie bereitstehenden Schützenpanzerwagen geklettert. So wie immer vor einem unmittelbar bevorstehenden Angriff versuchten auch die Angehörigen von Lechners Gruppe, ihre aufsteigende Nervosität zu unterdrücken. Jeder von ihnen wußte, daß sie die Speerspitze des Angriffs waren. Auf sie würde sich, sobald das eigene Artilleriefeuer zurückverlegt wurde, die erste Abwehr der Russen konzentrieren. Die sie umgebenden Stahlwände des Transportpanzers boten da nur einen spärlichen Schutz. Man hatte die Soldaten in erster Linie auf die Fahrzeuge verladen, um sie so schnell und dicht als möglich an die feindlichen Stellungen heranzubringen.

„Wenn wir nur endlich dieses verdammte Leningrad eingenommen hätten“, sprach Seliger seine Gedanken aus. „Immer noch eine Bunkerstellung und dann wieder eine. Der Iwan scheint ja den ganzen lieben Sommer lang nichts anderes getan zu haben, als Bunker zu bauen.“

„Na, soll er uns die Stadt vielleicht freiwillig überlassen?“ spöttelte Künzel. „Aber wart´s nur ab. In spätestens einer Woche sitzen wir schon gemütlich in einem Café an der Newa und lassen die schönen Leningraderinnen an uns vorbeiflanieren.“ Dabei betrachtete er beinahe versonnen den trockenen Kanten Kommißbrot, den er schon zur Hälfte gegessen hatte. „Dann gibt es sicher auch wieder was Anständiges zu futtern. Mir hängt der ewig gleiche Fraß längst zum Hals raus."

„Dein Wort in Gottes Ohr", mischte sich Klamm in die Unterhaltungen. „Aber wenn ihr mich fragt, dann hat Onkel Stalin schon noch ein paar Überraschungen für uns parat, bevor wir den schönen Leningraderinnen endlich auf den Zahn fühlen können. Übrigens würde ich an deiner Stelle nicht so viel in mich hineinstopfen. Von wegen Bauchschuß!" Klamm grinste breit, während Künzel daraufhin den letzten Bissen beinahe angeekelt hinunterwürgte.

„Blödmann!"

„Keine Ursache", gab Klamm zurück. „Ich bin ja nur um dein persönliches Wohlergehen besorgt." Künzels Erwiderung wurde von einem hundertfachen Donnerschlag erstickt. Im gesamten Regimentsabschnitt begann die Artillerie mit ihrem Feuerschlag gegen die russischen Stellungen, kaum daß die letzten Bomber abgezogen waren. Fauchend und tosend zogen die Granaten der Do-Werfer, von den Landsern auch Nebelwerfer genannt, ihre Bahnen über die Bereitstellungen der Deutschen hinweg. Donnernd und mit verheerender Wirkung schlugen die Geschosse flächendekkend in die Stellungen der Sowjets und wühlten dort das Unterste zuoberst. Gleichzeitig heulten die Motoren der Panzer und Schützenpanzerwagen auf. Unter der Feuerglocke der eigenen Artillerie setzte der gepanzerte Stoßkeil zum Angriff an. Unmittelbar dahinter folgten die Grenadiere der anderen Kompanien zu Fuß. Noch während die Granaten der eigenen Artillerie über die Angriffsspitzen hinwegheulten, entwickelten sich die ersten Fahrzeuge links und rechts der Straße nach Puschkin. Auf der freien Fläche vor den russischen Stellungen sprangen erste Erdfontänen sowjetischer Artilleriegranaten auf. Die deutschen Kettenfahrzeuge zogen daraufhin weiter auseinander, um der feindlichen Artillerie weniger Angriffsfläche zu bieten. Trotz des noch immer wütenden eigenen Artilleriefeuers lebte die gegnerische Feuertätigkeit weiter auf. Noch etwa fünfhundert Meter trennten die Spitzenfahrzeuge von der russischen Hauptkampflinie. Dort tobte noch immer ein Gewitter aus Stahl und Feuer. Ein dunkler Rauchvorhang aus emporgewirbelter Erde und Sprengstoffdämpfen verhüllte die russische Linie. Immer wieder zuckten Feuerblitze aus diesem Inferno auf. In der Luft lag ein einziges vibrierendes Dröhnen und Heulen. Auf feurigen Schweifen jaulten die Raketen der Nebelwerfer den Stellungen der Sowjets entgegen und erzeugten mit ihrem Gedröhne selbst bei den eigenen Leuten Gänsehaut. Vor den Augen der Landser schien einer der apokalyptischen Reiter vom Himmel herabgestiegen zu sein und mit Feuer und Schwert den Weltuntergang einzuleiten.

Lechner stand vorne im Kampfraum und beobachtete über das dort auf einer Laufschiene aufmontierte MG 34 hinweg das Geschehen. Vor und neben ihrem Fahrzeug rasselten die für den Angriff abgestellten Panzer auf die gegnerischen Stellungen zu. Noch dreihundert Meter. Das gegnerische Artilleriefeuer nahm zu. Offensichtlich waren bei den Bombenangriffen weit weniger Stellungen getroffen worden, als man auf deutscher Seite gehofft hatte. Vor dem nur fünfzig Meter neben ihnen fahrenden Schützenpanzerwagen (SPW) brach die Erde auf. Die Gewalt der Detonation hob den SPW vorne an und ließ ihn wie ein Spielzeug zur Seite kippen. Nur noch aus den Augenwinkeln konnte Lechner sehen, wie aus dem bereits zu brennen beginnenden Wrack mehrere Soldaten herauskletterten. Noch einhundertfünfzig Meter. Vor ihnen lag ein mit spanischen Reitern verstärkter russischer Drahtverhau. Quer über die Straße zog sich die Reihe der spanischen Reiter und setzte sich nach beiden Seiten ins Gelände fort. Trotz des Feuers der eigenen Artillerie waren die Hindernisse zum größten Teil noch immer unbeschädigt. Erste trockene Abschüsse von Panzerkanonen mischten sich in das zurückspringende Feuer der eigenen Artillerie. Zwischen den Hindernissen an der Straße detonierten die ersten Sprenggranaten der Sturmgeschütze und rissen Löcher in die Drahtverhaue. Aber auch auf russischer Seite setzte das Abwehrfeuer ein. Aus Bunkern und Unterständen schlug den Angreifern massiertes Feuer von Maschinenwaffen entgegen. Dazwischen blitzten immer wieder die Abschüsse von gut eingebauten Panzerabwehrkanonen auf. Gleichzeitig verstärkte sich das gegnerische Artilleriefeuer. Von einem Augenblick auf den anderen war über die angreifenden Deutschen die Hölle des russischen Abwehrfeuers hereingebrochen.

„Runter!" brüllte Lechner und trieb seine Männer zur Eile an. Noch immer trennten sie gute einhundert Meter von den vordersten russischen Stellungen. Noch immer lag zwischen den Deutschen und den Sowjets eine ausgedehnte Drahtsperre. Es war den Pionieren im Vorfeld des Angriffs nicht überall gelungen, Schneisen in die Drahtverhaue zu schlagen.

Während auch die anderen Schützenpanzerwagen ihre Fracht an menschlichen Leibern ausspieen, begann Reitingers MG bereits die ersten Garben gegen den Feind zu hämmern. Ringsum war die Hölle ausgebrochen!

„Ratsch-Bum" genannte Geschütze knallten, MPs ratschten. Schwerstes Infanteriefeuer lag auf den zu Boden gezwungenen Deutschen. Die Luft war erfüllt vom Zwitschern der Infanteriegeschosse, dem Brüllen Verwundeter, dem Dröhnen von Panzermotoren und dem Rasseln von Gleisketten…

Der Geschoßhagel der feindlichen Infanterie, der den Angreifern auf kurze Entfernung entgegenschlug, war einfach mörderisch. Obwohl die den Grenadieren zur Unterstützung beigegebenen Panzer und Sturmgeschütze auf erkannte Ziele schossen, schien das Abwehrfeuer der Russen in keinster Weise nachzulassen. Im Gegenteil! Jetzt standen bereits die ersten zwei deutschen Panzer als qualmende Wracks im Gelände. Das Duell zwischen der gegnerischen Pak und den Panzerbesatzungen gestaltete sich ziemlich einseitig. Während die Geschütze der Russen in gut getarnten und befestigten Stellungen eingebaut waren, standen die Panzer der Deutschen wie auf dem Präsentierteller. So war es nur eine Frage der Zeit, bis sich die Kampfwagen auf sichere Entfernung zurückziehen mußten.

Unter den abgesessenen Grenadieren waren schon nach kurzer Zeit erste Verluste zu beklagen, und das noch, bevor die vordersten von ihnen bis an das Drahthindernis herangelangt waren. Die Angriffsspitzen waren förmlich am Boden festgenagelt. Ein Verweilen in dieser Situation brachte unweigerlich weitere Verluste mit sich. Doch nach vorne war den Grenadieren der Weg durch die russischen Maschinenwaffen verlegt, und ein Zurück gab es ebensowenig. Dies hätte dieselben Verluste mit sich gebracht. Es gab also nur ein Vorwärts. In dieser unhaltbaren Situation waren es die den Angriffsspitzen beigegebenen VB der Artillerie, die den Ausschlag gaben. Die von ihnen angeforderte Unterstützung der schweren Waffen zerhämmerte systematisch ein erkanntes Widerstandsnest nach dem anderen. Die so erhaltene Feuerunterstützung verschaffte den im Gelände festliegenden Landsern zumindest genug Luft, um den Angriff weiter vortragen zu können. Unter dem jetzt gezielt gelenkten Feuer der Artillerie bekamen auch die unter schwerem Pak-Feuer liegenden Kampfwagen wieder etwas Luft und rollten weiter nach vorne. Pioniere sprengten mit gestreckten Ladungen weitere Gassen in die Drahthindernisse und räumten Wege durch die ausgedehnten Minenfelder frei. Überall lauerten raffiniert angebrachte Sprengfallen der Russen und fügten den Angreifern weitere Verluste zu. Dennoch, trotz des ungeheuren Abwehrfeuers und der steigenden Verluste der Angreifer gelang es den Pionieren, die für den weiteren Angriff wichtige Straße freizuräumen. Unmittelbar nach der Sprengung des letzten Hindernisses schob sich das erste Sturmgeschütz auf quietschenden Gleisketten durch die breite Lücke auf den vordersten russischen Unterstand zu, der mit seinen beiden eingebauten schweren Maschinengewehren pausenlos auf die dahinter vorgehenden Grenadiere feuerte. Die unmittelbar hinter dem gepanzerten Ritter moderner Schlachten folgenden Landser kamen so den ersten Stellungen der Sowjets immer näher. Nicht mehr lange, dann konnte der Einbruch erfolgen. Dies wußten natürlich auch die Verteidiger, die mit allen Mitteln versuchten, die deutsche Infanterie von ihren stählernen Sturmböcken zu trennen. Hunderte von Gewehrkugeln prasselten auf die Front des Sturmgeschützes und flogen von dort als heulende Querschläger nach allen Seiten. Hell klingend schlugen immer wieder Geschosse von Panzerbüchsen gegen die Frontpanzerung, wo sie tiefe Scharten hinterließen, ohne jedoch wirklichen Schaden anrichten zu können.

Die dem Panzer folgenden Grenadiere wurden jetzt von dem rasenden Infanteriefeuer in Deckung gezwungen. Unberührt durch das Abwehrfeuer der MG-Schützen drehte sich das Sturmgeschütz mit mahlenden Ketten ein wenig nach rechts. Ein Schuß aus seiner kurzen Kanone aus nächster Nähe auf den Unterstand. Leicht wippte das Geschütz auf den Laufrollen vor und zurück. Die enorme Wucht der Sprenggranate riß ein Loch in die Vorderfront des aus Rundhölzern halb in den Boden gebauten Kampfstandes. Noch in die erste Detonation hinein feuerte das Geschütz ein zweites Mal. Donnernd schlug eine weitere Sprenggranate in den Kampfstand und brachte so die Waffen endgültig zum Schweigen. Trümmer und Teile menschlicher Leiber wirbelten umher und regneten auf die sich aus ihrer Deckung erhebenden Landser herab. Das Sturmgeschütz ruckte an und zog weiter vor. Mit mahlenden Ketten kroch es weiter in das Stellungssystem der Russen hinein. Immer wieder zuckte es grellorange aus dem Stummelrohr, und unmittelbar darauf hieb eine Granate zwischen die Verteidiger. Lohnende Ziele gab es genug!

Schnell hintereinander verließen die Sprenggranaten das Rohr und schlugen in erkannte Ziele ein. Richt- und Ladeschütze arbeiteten mit der Präzision eines Uhrwerks. Unmittelbar hinter dem Spitzenpanzer folgten, seitlich etwas abgesetzt, zwei weitere. Der Sturmkeil bohrte sich entlang der Straße zusehends tiefer in das russische Stellungssystem hinein. Dazwischen und unmittelbar dahinter folgten die unter dem Feuerschutz der Stahlkolosse vorgehenden Grenadiere.

„Reitinger, hier rüber!“ Unteroffizier Lechner lag mit Künzel hinter den Trümmern des Unterstandes. Etwa dreißig Meter vor ihnen blitzte es wieder ununterbrochen auf. Ein Maxim hatte sich auf ihren Standort eingeschossen und bestrich von dort aus die gesamte Umgebung. Von den Sturmgeschützen war im Moment keine Hilfe zu erwarten. Das Schießen ihrer Kanonen galt einem Rudel T-26, die aus einer Senke aufgetaucht waren und sofort das Feuer eröffnet hatten. Unmittelbar hinter den Panzern folgten eine beachtliche Anzahl Lkws, auf denen dicht an dicht gedrängte Rotarmisten zu erkennen waren. Die Sowjets warfen Reserven in den Kampf, um den erfolgten Einbruch sofort im Gegenangriff zu bereinigen. Während ein Teil der T-26 zum Schießen Halt machte, stieß der andere Teil der gegnerischen Panzer weiter zur Straße vor, an der die Deutschen im Moment festlagen. Nur noch zweihundert Meter trennte die russischen Kampfwagen und deren Begleitinfanterie von den vordersten Linien der eingedrungenen Deutschen. Obwohl bereits zwei der T-26 brennend auf der Strecke lagen, walzten die anderen unaufhaltsam weiter vor. Immer wieder zuckten die Flammen der Abschüsse aus ihren Kanonen, und die einschlagenden Granaten rissen zwischen den Sturmgeschützen und den in Deckung liegenden Soldaten dunkle Erdfontänen empor.

„Los, Reitinger, mach' schon, bevor uns der Iwan einkassiert!" Reitinger und Scholz hatten sich mit ihrem MG hinter einen verbogenen spanischen Reiter geworfen, der halb in einen Granattrichter gerutscht war. Vorsichtig schob der Obergefreite den Lauf des MGs über den Rand des Trichters. Immer wieder zeigte ein kaltes metallisches Klingen den Aufschlag eines verirrten Geschosses auf den Metallstreben des Panzerhindernisses an. Der gegnerische Schütze schoß im Moment auf ein Ziel, das Reitinger nicht erkennen konnte. Schnell schob er das MG ganz auf den Rand des Trichters. Ein kurzes Anvisieren genügte ihm. Schon spürte er das vertraute Schlagen der Waffe gegen seine Schulter. Die Leuchtspur zog geradewegs zur feindlichen MG-Stellung hinüber. Ein kurzes Nachkorrigieren und die Einschläge lagen genau auf der Deckung. Aus den Augenwinkeln sah er, wie Lechner aufsprang und mit einer Handgranate zum Wurf ausholte. Mitten in der Bewegung klappte der Unteroffizier nach vorne weg. Unmittelbar nachdem ihr Gruppenführer zu Boden gestürzt war, detonierte die unter ihm zu liegen gekommene Handgranate mit einem dumpfen Knall und beendete das Leben des bereits durch die feindlichen Kugeln schwer Verwundeten.

„Verdammte Scheiße, Lechner hat's erwischt!" brüllte Scholz. Ohne etwas zu erwidern, feuerte Reitinger verbissen weiter auf die vor ihnen liegende MG-Stellung. Nur am Rande nahm er war, daß Künzel das Vorhaben ihres Gruppenführers zu Ende brachte. In einem hohen Bogen durch die Luft wirbelnd, landete die Stielhandgranate genau in der Deckung des sowjetischen MG-Schützen und brachte die Maschinenwaffe mit einem trockenen Knall zum Schweigen. Automatisch richtete Reitinger seine Waffe auf die angreifenden Rotarmisten. Die T-26 und deren Begleitinfanterie waren in den letzten Minuten bedenklich nahe gekommen. Obwohl bereits fünf der Stahlkästen kampfunfähig auf der Strecke geblieben waren, rollten die restlichen stur auf die Deutschen zu. Noch immer waren sechs Russenpanzer übrig, die den Angriff weiter vorantrugen. Zwar waren einige der Lkws den Granaten der Sturmgeschütze zum Opfer gefallen und standen brennend im Gelände. Aber auch unter den Sturmgeschützen gab es Ausfälle. Bewegungsunfähig geschossen, standen zwei der Eisenkästen neben der Straße. Inzwischen waren auch die restlichen Lkws mit ihrer menschlichen Fracht nahe genug an die Stellungen der Deutschen herangekommen. Die Rotarmisten sprangen von ihren Fahrzeugen und rückten in dichten Haufen, angetrieben von ihren mit den Pistolen herumfuchtelnden Offizieren, weiter an die Straße vor. Nur noch knappe einhundert Meter trennten sie von den Deutschen. Während sich das noch einsatzfähige Sturmgeschütz weiter mit den russischen Panzern herumschoß, wurde die Lage für die deutschen Grenadiere immer ernster. Die von ihren Offizieren angetriebenen Sowjetsoldaten rückten trotz des deutschen Abwehrfeuers weiter vor. Obwohl ganze Reihen der stürmenden Soldaten von deutschen Kugeln getroffen zu Boden stürzten, drängten die anderen immer näher heran. Zusehends verringerte sich die Distanz zwischen den Angreifern und den überall in den Granattrichtern liegenden Landsern. Schaurig brandete das Urrääh-Gebrülle der Russen durch den tobenden Kampflärm heran. Russische Werfergranaten detonierten beinahe pausenlos im von den Deutschen bereits eroberten Gelände. Ermutigt von dieser eigenen Verstärkung, begannen auch die noch in den Trichtern und letzten intakten Unterständen verschanzten Sowjets ihr Abwehrfeuer zur Raserei zu steigern. Der so blutig erkämpfte Einbruch in die gegnerischen Stellungen stand somit auf Messers Schneide...

Plötzlich schwieg Reitingers Waffe. „Hülsenreißer! Ersatzlauf her!" brüllte Reitinger, während er schon den Verschluß aufriß. Reitinger stieß den ihm hingehaltenen Ersatzlauf in die Führung. Noch während er den Verschluß zuschlug, zog Scholz den Gurt straff. Keine achtzig Meter vor ihnen sprangen und kletterten die ersten Sowjets über die Trümmer und Granattrichter. Dahinter drängten immer mehr heran. Auch die sich noch in den Stellungen befindlichen Russen schlossen sich jetzt dem Sturmlauf ihrer Kameraden an. Aus der Hüfte mit ihren Maschinenpistolen schießend, kam die Mauer aus menschlichen Leibern bedrohlich näher und näher.

Rrrt, rrrt! Prasselnd schlugen MPi-Garben gegen die Eisenträger des spanischen Reiters und zogen als jaulende Querschläger davon. Von irgendwoher wurde ihre Stellung unter Feuer genommen. Winselnd klatschten die Querschläger nur wenige Zentimeter neben ihnen in die Erde. „Au, mich hat´s erwischt! Verdammt!" Kraftlos rutschte Reitingers rechte Hand vom Abzugsbügel. Aus dem Uniformärmel rann Blut über den Handrücken und tropfte auf die Erde. Scholz zog Reitinger etwas zurück und zog die Waffe vom Trichterrand.

„Wahrscheinlich hat dich ein Querschläger erwischt!" meinte er mit einem kurzen Blick auf das ausgefranste Loch im Uniformärmel. „Bleib erst mal hier liegen. Im Moment kommst du von hier sowieso nicht weg." Der Gefreite zog sein Verbandspäckchen hervor und hielt es seinem Freund hin. „Da. Drück das so lange auf die Wunde. Mehr geht erst mal nicht."

„Künzel", brüllte er dann zu dem nur wenige Meter entfernt liegenden Schützen hinüber. „Den Herbert hat's erwischt. Komm rüber und mach mir den Schützen Zwo!"

Während Künzel angekrochen kam, gab Scholz einige Feuerstöße auf die weiter vorrückenden Rotarmisten ab. Gefährlicher als die angreifenden Sowjets war im Moment aber der MPi-Schütze, der sich irgendwo rechts von ihnen aufhalten mußte. Sofort nachdem Scholz sich aus der Dekkung gewagt hatte, prasselten weitere MPi-Garben gegen den spanischen Reiter. Es war folglich nur noch eine Frage der Zeit, bis der nächste von ihnen eine verpaßt bekam.

Schwitzend und fluchend ließ sich Künzel über den Trichterrand in den Krater rollen. „Verdammt ungemütliches Loch, das ihr euch da ausgesucht habt!" kommentierte er die nächste Serie. Er zog den letzten noch verschlossenen Munitionskasten zu sich heran. „Letzter Kasten", rief er Scholz zu. „Wenn der durch ist, können wir einpacken!"

„Weiß ich!" gab der Gefreite zurück. „Aber solange der verdammte Iwan uns die Schnauze unten hält, kommen wir sowieso nicht zum Schuß!" Wieder knallten mehrere Kugeln gegen die Stahlträger und klatschten irgendwo im Trichter in die Erde.

„Ich glaub´, ich weiß jetzt, wo der verdammte Kerl liegt!" Reitinger deutet stöhnend mit der gesunden Linken auf den Erdwall eines Granattrichters, etwa zwanzig Meter links von ihnen. „Der Kerl ist allein, sonst hätten wir schon längst seine Kumpels auf dem Hals." Wieder ratterte eine Serie gegen die Stahlträger.

„Den Saukerl hol´ ich mir jetzt!" preßte Künzel hervor. Er schraubte von seiner letzten Handgranate die Verschlußkappe ab. Dann nahm er den Stahlhelm ab und schob sich vorsichtig an den Rand ihrer Deckung hoch. Zentimeter um Zentimeter hob er den Kopf. Dort, wo Reitinger den feindlichen Schützen ausgemacht hatte, war die Wölbung eines Stahlhelmes zu sehen. Vielleicht zwanzig, maximal dreiundzwanzig Meter, schätzte Künzel. Nicht viel für einen geübten Werfer, wie er es war. Aber aus der unbequemen Stellung heraus kein leichtes Vorhaben. Es war seine letzte Handgranate. Er hatte also nur einen Versuch, und der mußte sitzen. Künzel packte den Abreißknopf und zog an.

Zwei Sekunden gewartet, dann flog der Sprengsatz zu dem feindlichen Schützen hinüber und landete genau dort, wo er sollte. Eine dumpfe Detonation und das Leben des Rotarmisten war beendet. „Sauber erwischt!“ brüllte Künzel.

Scholz wuchtete das MG auf den Rand der Deckung, und kaum einen Augenblick später hämmerte die erste Garbe den bereits bis an die Straße vorgedrungenen Rotarmisten entgegen. Das immer stärker aufbrandende „Urääh“ und die wie giftige Hummeln durch die Luft zischenden Infanteriegeschosse zerrten gewaltig an den Nerven der Landser. Obwohl die stürmenden Rotarmisten bereits enorme Ausfälle zu beklagen hatten, wurden sie von ihren noch verbleibenden Offizieren gnadenlos nach vorne gepeitscht. Wehe den deutschen Verteidigern, wenn diese entfesselte Masse an mörderischer Gewalt über sie kam. Doch dann geriet der russische Sturmlauf ins Stocken. Ein weiteres Sturmgeschütz hatte sich an den manövrierunfähigen deutschen Panzern vorbei nach vorne geschoben und griff an der Seite des anderen in den Kampf ein. Von den letzten sechs T-26 wurden in kurzer Zeit weitere drei von den Sturmgeschützen abgeschossen. Das war das Zeichen für die letzten Tanks, die Flucht nach hinten anzutreten. Schon während die russischen Tanks abdrehten, konzentrierte sich das Feuer der Sturmgeschütze auf die anbrandende Mauer aus erdbraunen Uniformen. Sprenggranate um Sprenggranate verließ die heißgeschossenen Rohre und schlug in die wogende braune Masse. Dazwischen feuerten ununterbrochen die schweren Bord-MGs. Ganze Haufen feindlicher Soldaten erlagen dem konzentrierten Feuer der beiden Geschütze und dem der deutschen Infanterie. Schon warfen sich erste Gruppen feindlicher Schützen zu Boden und suchten Deckung vor den deutschen Waffen. Da und dort versuchten Offiziere mit Gewalt, die Rotarmisten wieder zum Angriff zu bewegen. Sie feuerten mit ihren Pistolen über die Köpfe ihrer Leute hinweg oder ganz gezielt, wenn sich einer der Männer zu langsam bewegte. Aber das massierte Feuer der Sturmgeschütze und der Infanteriewaffen, das ihnen entgegenschlug, nahm den Angreifern den letzten Rest ihres Mutes. Immer mehr Russen warfen sich in Deckung oder versuchten, durch das deutsche Feuer nach hinten zu entkommen. Dann war der Ansturm endgültig gebrochen!

Ganze Haufen erdbrauner Gestalten lagen vor oder auf der Straße, die sie wieder in Besitz hatten nehmen sollen. Diejenigen, die nicht tot oder verwundet waren, suchten Deckung in Trichtern und Gräben vor dem Feuer der Deutschen.

„Wurde verdammt nochmal Zeit!" preßte Scholz zwischen den Zähnen hervor. Er wischte sich mit dem ölverschmierten Handrücken über die schweißnasse Stirn. „Ohne unsere Kumpels in den Sturmgeschützen hätten wir ganz schön alt ausgesehen. Habt ihr gesehen, wie die verdammten Schweine dort drüben mit ihren eigenen Leuten umgehen?" Er schüttelte den Kopf und kramte mit fahrigen Bewegungen eine Zigarette aus der zerknautschten Packung. Nachdem er sich die Zigarette angezündet hatte, reichte er die Packung an Reitinger weiter. „Laß mal", winkte der mit schmerzverzerrtem Gesicht ab, „gib sie lieber Künzel, der hat sie, glaube ich, nötiger als ich." Künzel hatte eben die leeren Muni-Kästen zur Seite geräumt und dabei festgestellt, daß dringend jemand neue Munition holen müsse. Kurz bevor die Sturmgeschütze das Feuer auf die anrückenden Sowjets eröffneten, hatte der Schütze Zwo den letzten Kasten angebrochen. Für den Moment war erst einmal Ruhe. Eigenes Werferfeuer lag auf den weiter hinten liegenden Stellungen der Russen und vereitelte für den Moment jeden weiteren Angriff. Eine günstige Gelegenheit, neue Munition heranzuschaffen. Jetzt konnten sich auch die Sanitäter um den Abtransport der Verwundeten kümmern. Eben war einer bei ihnen erschienen und hatte Reitingers Arm notdürftig geschient und verbunden.

„Na, Herbert, mit dem Arm bist du erstmal 'ne ganze Weile weg vom Schuß. So, wie ich das sehe, hat der Knochen auch was abbekommen. Kannst dich in aller Ruhe in der Heimat auskurieren."

„Schwein muß der Mensch halt haben“, gab Scholz grinsend seinen Senf dazu. „Während für uns nur die Mädels in Leningrad bleiben, kannst du dich in aller Ruhe von den Krankenschwestern in der Heimat pflegen lassen. Bis du wieder auf dem Damm bist, ist der Krieg wohl auch schon zu Ende“, setzte er hoffnungsvoll hinzu. „Ist nur eine verdammte Schweinerei, daß es den Lechner jetzt noch erwischen mußte.“

„Hat viele erwischt heute. Nicht nur den Lechner. Bei der dritten Gruppe haben sie drei Tote. Und den Zugführer vom ersten Zug hat's auch erwischt. Gleich am Anfang, als wir nach vorne fuhren. Volltreffer der Russen-Ari. Seine beiden Melder sind auch gleich mit in die Luft geflogen.“ Der Sanitäter schüttelte mit dem Kopf. „Ich sage euch, so einfach wie gedacht, scheint die Sache nicht zu laufen.“

„Alter Miesmacher“, würgte Scholz den Gefreiten ab. „Bis Weihnachten sind wir hier fertig und damit basta.“

„Wenn du meinst. Kannst du laufen, Herbert, oder soll ich jemanden schicken, der dich holt?“ „Geht schon“, gab Reitinger mit schmerzverzerrtem Gesicht zurück. Jetzt, nachdem die große Nervenanspannung des Kampfes vorüber war, meldete sich der verwundete Arm mit aller Macht. Ein pochender Schmerz schien sich bis in die letzten Windungen seines Gehirns auszubreiten. Da der Russe im Moment Ruhe gab und noch nicht einmal das nach einem mißlungenen Angriff sonst übliche Werferfeuer auf sie abließ, nahm der Sanitätsgefreite Reitinger gleich mit nach hinten.

„Grüß mir die Heimat“, verabschiedete sich Scholz von seinem Freund. Dann waren die beiden Landser auch schon zwischen den Trümmern verschwunden.

„Du sollst derweil den Rest der Gruppe übernehmen“, brachte Künzel zusammen mit der Munition als Neuigkeit mit. „Der Leutnant sagt, daß wir vielleicht sowieso mit der zwoten Gruppe zusammengelegt werden. Hat zu viele Ausfälle gegeben.“

Das plötzliche hohle Ploppen einer ganzen Reihe von Granatwerferabschüssen zeigte, daß es mit der Ruhe schon wieder vorüber war. Im nächsten Augenblick sausten die Lagen der feindlichen Werfer heran und wühlten die schon arg mitgenommene Erde aufs neue um. Schnell steigerte sich das Feuer der feindlichen Werfer zu einer wütenden Orgie der Vernichtung. So einfach gab der Russe sich nicht geschlagen!

Der Vormittag hatte dem Regiment weitere schmerzliche Verluste gebracht. So wie bei Oberleutnant Hausers Zwoter sah es bei den anderen Kompanien auch aus. Der Mannschaftsbestand war so weit gesunken, daß viele Kompanien gerade noch Zugstärke besaßen. Im gesamten Regiment waren die Verluste an Offizieren und Unterführern dramatisch angestiegen. Dennoch war der Angriffswille noch immer hoch. Das Ziel Leningrad in greifbarer Nähe wissend, gaben die Bataillone noch einmal ihr Letztes. Nach weiteren schweren Kämpfen durchbrach das Regiment die Stellungen vor der Ortschaft Puschkin und drang, die Sowjets vor sich herschiebend, weiter auf den Ort vor. Doch dann war die Angriffskraft der Deutschen erst einmal aufgebraucht. Die ständigen Kämpfe des Tages forderten von den Mannschaften ihren Tribut. Es wurde für die Nacht Stellung bezogen und die teilweise in Unordnung geratenen Angriffskompanien neu geordnet. Nachschub wurde nach vorne gebracht, und Alarmposten wurden aufgestellt. Todmüde und bis an die Grenzen der Leistungsfähigkeit herangeführt, sanken diejenigen, die nicht auf Wache standen, in einen bleiernen Schlaf der Erschöpfung. Auch auf russischer Seite wurde die Kampfpause für Umgruppierungen und das Heranbringen neuen Nachschubes genutzt. Die Sowjets hatten in den harten Kämpfen der letzten Tage sehr hohe Verluste erlitten, die es erst einmal zu ersetzen galt.

Auch der 16. September brachte schwere Kämpfe um Puschkin, das von den Russen weiter erbittert verteidigt wurde. Bis zum Abend dieses Tages drang das zweite Schützenregiment der SS-Polizei-Division bis an den Stadtrand von Puschkin und das diesem vorgelagerte Zarenschloß vor. Am 17. September setzte die SS-Polizei-Division den Angriff auf den Ort fort und drang von Norden und Süden her in Puschkin ein. Dabei wurde auch die ostwärts Puschkins verlaufende Eisenbahnlinie erreicht. Das Angriffsziel, der Bahndamm Leningrad-Puschkin-Ssluzk, war somit ebenfalls erreicht. Nach Inbesitznahme der vorgegebenen Orte sollte die Division zunächst einmal zur Verteidigung übergehen. Eine Entscheidung, die keineswegs ungewöhnlich war. Die Division hatte das für sie gesteckte Angriffsziel erreicht!

So war es ganz selbstverständlich, sich vor der in Angriffnahme des nächsten Zieles einzugraben, um eventuelle Gegenangriffe der Sowjets besser abwehren zu können. Noch ahnte keiner der Männer in den Gräben, daß dieser Halt kein vorübergehender, sondern ein geplanter und unwiderruflicher war. Nur der bereits intensiv beginnende Ausbau von Fernsprechverbindungen zeigte manchem an, daß sich die Divisionen auf eine längere Verteidigung vorbereiteten.

Es begannen sich die von Hitler getroffenen Entscheidungen auszuwirken. Die Panzerdivisionen der Panzergruppe 4 wurden von der Entscheidung Hitlers informiert und zum Stehen gebracht. Die herausgelösten Panzerdivisionen wurden der Heeresgruppe Mitte zugeführt, wodurch die Fronten der Heeresgruppe Nord vor Leningrad entscheidend geschwächt wurden und daher bald zum Stehen kamen. Letzte Angriffe auf das Stellungssystem vor der Stadt fanden am 20. September ihr Ende. Das Ergebnis war die Belagerung einer Millionenstadt und ein bis Januar 1944 mehr als zwei Jahre andauernder Stellungskrieg, dem Hunderttausende Zivilisten und auch Soldaten zum Opfer fielen.

Der Einschließungsring rund um Leningrad begann am Südufer des Ladogasees, lief von Schlüsselburg am Ostufer der Newa bis zur Toßnamündung südwestlich von Otradnoje, von dort an Kolpino vorbei über Puschkin und Urizk bis hin zur Kronstädter Bucht, die nahe der Hafeneinfahrt von Leningrad lag. Westlich davon, bei Peterhof, verließ die Front die Bucht und umschloß den Oranienbaumer Kessel, der sich bis zur Bucht von Koporje hinzog. Dieser Kessel, oder besser gesagt Brückenkopf, der Sowjets wurde von Kronstadt her artilleristisch und auch nachschubtechnisch versorgt. Er bildete die nächsten Jahre eine ständige Bedrohung der deutschen Einschließungskräfte um Leningrad und band durch sein Vorhandensein ständig drei, manchmal vier deutsche Divisionen, die andernorts dringend gebraucht wurden. Für die erforderliche Beseitigung dieses Störfaktors standen nie ausreichend Kräfte zur Verfügung.

Sowie die deutsche Angriffsmaschinerie zum Stillstand gekommen war, begannen die Sowjets die ihnen geschenkte Atempause zu nutzen, um ihre stark angeschlagenen Kräfte zu reorganisieren. Die Verbände von etwa dreißig mehr oder weniger angeschlagenen Divisionen waren auf die Leningrader und Oranienbaumer Stellungen zusammengedrängt worden. Diese Divisionen galt es jetzt zu ordnen und zu ergänzen. Zu diesem Zweck wurden die Verbände aus der Bevölkerung personell ergänzt. Weiterhin wurden Alarmeinheiten und Milizen aus der Belegschaft Leningrader Betriebe aufgestellt. Diese Betriebe wurden jetzt voll und ganz in den Dienst der Verteidigung der Stadt gestellt. Die von der Industrie gefertigten Panzer sowie die Munition rollten gewissermaßen direkt vom Fließband an die Front.

Die Bevölkerung der belagerten Stadt wurde von der Führung rücksichtslos in die Verteidigung der Stadt miteingebunden. Zwischen einer halben Million und einer Million Menschen wurden täglich mehr als zehn Stunden zu Schanzarbeiten herangezogen. Durch die auf die Stadt zufließenden Flüchtlingsströme lag die Zahl der Zivilisten nach Einschluß der Stadt bei etwa 3,5 Millionen Menschen. Eine unglaubliche Menschenmasse, die es zu versorgen galt!

Dies gelang den Sowjets, wenn auch anfangs nur in ungenügendem Maße, über den Ladoga-See. Solange der See eisfrei war, konnte aufgrund der ständigen Bedrohung durch die deutsche Luftwaffe nur ein beschränkter Schiffsverkehr aufrechterhalten werden. Doch aufgrund des früh einsetzenden Winters mit seinen in diesem Jahr ungewöhnlich tiefen, beinahe arktischen Temperaturen konnte man auf sowjetischer Seite schon bald mit der Organisation einer Eisstraße über den zugefrorenen See beginnen. Mit Schlitten und Kraftfahrzeugen wurden die dringend benötigten Versorgungsgüter in die belagerte Stadt gebracht. Doch war dies erst der Anfang. In späteren Monaten vollbrachten die Sowjets in dieser Hinsicht wahre Meisterleistungen.

Es war der sowjetischen Führung sehr schnell klar geworden, daß eine Fortsetzung des Angriffs auf deutscher Seite nicht mehr geplant war. So gingen die militärischen Planer der Russen daran, ihrerseits die Initiative zu ergreifen. Schon am 2. Oktober begann ein Gegenangriff mit dem Ziel, die Landverbindung zwischen dem Oranienbaumer Kessel und der Festung herzustellen, was aber mißlang. Von nun an begann eine Zeit ständiger Angriffe und Gegenangriffe. Mit Späh– und Stoßtrupps machte man sich gegenseitig das Leben schwer. Ein zermürbender Kleinkrieg hatte seinen Anfang genommen, der zwischenzeitlich immer wieder von Offensiven der Sowjets unterbrochen wurde, die beiden Seiten erhebliche Verluste einbrachten. Doch von alledem wußten die Angehörigen der SS-Polizei-Division, genauso wie alle anderen deutschen Kampfverbände in diesem Raum, noch nichts.

Die zur Verteidigung übergegangenen Einheiten der Division begannen, sich einzugraben. Seit den Morgenstunden des 18. September wurden die Einheiten der Panzerdivisionen aus ihren bis dahin erreichten Positionen herausgezogen. Erst jetzt wurde wohl den meisten richtig bewußt, daß es zunächst nicht mehr weiter Richtung Leningrad vorangehen würde. Kaum vorstellbar, wenn man die noch immer herrschende Begeisterung von Tausenden Soldaten spürte, die das Ziel greifbar nahe vor sich sahen. Zeichneten sich doch am Horizont bereits die Häuser und Fabrikanlagen der alten Zarenstadt ab. Durch die Scherenfernrohre der Artilleriebeobachter ließ sich ein Großteil der Stadt überblicken. Zum Greifen nahe war das Ziel ihrer Anstrengungen und doch genauso fern wie noch vor Wochen.

„Ehrlich, Karl. Ich hätte meinen Hintern darauf verwettet, daß wir noch Ende des Monats einen Wodka in Leningrad trinken.“ Künzel richtet sich auf und wischte sich mit der lehmverschmierten Hand über das nasse Gesicht. Der Erfolg waren braune Lehmstreifen, die aussahen, wie die Kriegsbemalung eines Indianers. „Und jetzt sitzen wir hier in diesem Scheißkaff und buddeln wieder mal Löcher in die Erde."

„Sei froh, daß du dein Hinterteil nicht verwettet hast, Hartmut, sonst könntest du die nächsten Tage nicht mal darauf sitzen und warten, bis es wieder vorwärts geht. Los jetzt, halt' dich ran. Ich hab´ nämlich keine Lust, noch eine weitere Nacht im Freien zu verbringen."

„Wenn das so weiterregnet, saufen wir sowieso ab in dem Loch", begann der Schütze Zwo von neuem. „Seit zwei Tagen ein Sauwetter, daß es einen grausen kann. Das ist ja bald schlimmer als die verdammte Russen-Ari."

Wumm, Bubumm! Mehrere donnernde Einschläge auf den vor ihnen liegenden Gleisanlagen ließen sie abrupt die Köpfe herunternehmen. Schienenstücke und Holzbohlen wirbelten durch die Luft. Noch ehe die letzten Trümmer wieder zur Erde gefallen waren, jaulte schon die nächste Lage heran. Vor zwei Stunden hatte der Russe damit begonnen, sich mit seiner schweren Artillerie auf Puschkin und den Bahnhof, in dem die zweite Kompanie lag, einzuschießen. Bereits seit drei Tagen lag die Kompanie jetzt im Bahnhofsgelände und mußte sich der ständigen Angriffe des Russen erwehren.

Vor allem die russischen VBs auf den Höhen von Pulkowo machte den Deutschen schwer zu schaffen. Dank dieser sich noch immer in russischem Besitz befindlichen Höhen hatte der Gegner einen guten Einblick in die Stellungen der Deutschen. Es war somit unerläßlich, die für den Gegner so wichtigen Höhen in die Hand zu bekommen. Zusammen mit der 269. Infanteriedivision sollten Teile der Polizei-Division die Höhen und Pulkowo selbst angreifen und in Besitz nehmen. Außerdem sollte der Puschkin vorgelagerte Ort Kusmino, in dem erhebliche Truppenansammlungen der Sowjets festgestellt waren, Ziel dieses Angriffes sein. Von Kusmino aus schoben die Sowjets immer wieder starke Stoßtrupps gegen den Ortsrand von Puschkin vor und sorgten so unablässig für Beunruhigung der dort in Stellung gegangenen Truppen. Doch was sich so einfach anhörte, war alles andere als leicht. Die Sowjets saßen in einem gut ausgebauten Stellungssystem und konnten aus ihren Vorderhangstellungen das gesamte Vorfeld unter wirksames Abwehrfeuer nehmen. Ein weiterer schwerer Waffengang für Teile der SS-Polizei-Division stand bevor.

Allerdings blieb einem Bataillon, zu dem die zweite Kompanie gehörte, dieses Ringen erspart. Die Aufgabe des Bataillons war es, am Ostrand von Puschkin ihre Stellungen weiter auszubauen und den Bahnhof zu halten.

Im Keller des zur Hälfte zerstörten Bahnhofgebäudes war der Gefechtsstand der Zwoten untergebracht. Pioniere hatten am Tag zuvor damit begonnen, das Kellergewölbe mit dicken Vierkanthölzern auszusteifen. Zusätzlich sollte dann über die Kellerdecke eine dicke Lage Kanthölzer und darauf Mauerschutt gelegt werden. Der so entstehende Bunker konnte den Treffer einer mittleren Artilleriegranate ohne weiteres verkraften.

Oberleutnant Hauser wußte erst seit kurzem, daß der Angriff auf Leningrad offiziell eingestellt wurde. Bei einer Besprechung im Bataillonsgefechtsstand hatte Major Kleinfeld seine Kompanieführer dahingehend unterrichtet. Auch ein bevorstehender Angriff des Nachbarregimentes, bei dem seine Kompanie als Flankenschutz tätig sein sollte, wurde von Major Kleinfeld erörtert.

„Also, Männer, so sieht es aus! Wir bleiben die nächste Zeit erst einmal hier. Wie lange?" Hauser zuckte mit den Schultern und beantwortete damit die Frage, die jedem seiner Zugführer deutlich ins Gesicht geschrieben stand. „Keine Ahnung. Aber gemunkelt wird, daß vor dem Fall Moskaus kein neuer Generalangriff stattfinden wird. Erst wenn unsere Panzerdivisionen wieder frei zu unserer Verfügung stehen, geht es weiter." Der Kompaniechef kam um den Tisch herum, an dem er bisher gesessen hatte. Nebenan, in einem anderen Kellerraum, den man seit kurzem durch einen Mauerdurchbruch erreichen konnte, werkelten die Pioniere. Es herrschte hektische Betriebsamkeit.

„Bitte, meine Herren. Bedienen Sie sich!" Hauser hielt seinen Zugführern eine Zigarettenpackung hin. Nachdem sich jeder eine Zigarette herausgenommen hatte, trat Hauser an die an der Rückwand aufgehängte Lagekarte heran. „Eben erst vom Bataillon bekommen. Wie Sie sehen können, schiebt sich der Ort Kusmino hier fast bis an das Bahnhofsgelände heran." Er legte seinen Zeigefinger auf die genannte Stelle und fuhr einen schwarzen Strich entlang, der die Hauptkampflinie darstellte. An der Linie war deutlich zu erkennen, daß sich die Stellungen ihres Bataillons wie eine Beule auf den Ort zuwölbte. Das Nachbarregiment würde also zunächst direkt an ihrer linken Flanke vorbei auf Kusmino vorgehen.

„Aber da sage ich Ihnen ja nichts Neues", fuhr Hauser fort. „Der Bataillonskommandeur hat mich darauf hingewiesen, daß der Russe dabei ist, weitere Kräfte in dem Ort zusammenzuziehen. Bei der Division nimmt man an, daß der Iwan von hier seinen Gegenangriff startet, sobald unser eigener Vorstoß weiter links auf die Höhen von Pulkowo beginnt. Um dem Russen zuvorzukommen, soll das Nachbarregiment auf Kusmino vorgehen und die dort befindlichen Feindkräfte ausschalten. Da wir an der linken Grenze des Bataillons liegen und somit gleichzeitig rechter Nachbar des zweiten Regimentes sind, haben wir die Aufgabe, deren Flanke während des Angriffs abzudecken. Dazu wird sich bei uns eine Gruppe der schweren MG-Kompanie einnisten. Außerdem wird auf dem Bahnhofgelände noch eine Batterie Infanteriegeschütze in Stellung gehen. Die schweren MGs werden heute nacht eintreffen. Der Gruppenführer sollte noch im Laufe des heutigen Nachmittags aufkreuzen, um sich das beste Schußfeld für seine MGs herauszupicken. Von den Geschützen weiß ich weiter nichts. Leutnant Brandel. Es wird wohl das Beste sein, die schweren MGs in ihrem Zugbereich aufzubauen. Von dort aus sieht man das gesamte Bahnhofsgelände bis hin nach Kusmino."

Oberleutnant Hauser blickte kurz nachdenklich auf die Karte. „Noch etwas, meine Herren. Sehen Sie zu, daß die Männer verstärkt am Ausbau ihrer Stellungen arbeiten. Mit dem, was die Leute bis jetzt abgeliefert haben, bin ich keinesfalls zufrieden. Schärfen Sie Ihren Männern ein, daß jeder Fußbreit Boden, den sie in die Erde kommen, lebenswichtig sein kann. Wenn mich mein Gefühl nicht allzusehr im Stich läßt, dann dürften wir die nächsten Wochen hier wohl festhängen."

Nachdem der Kompaniechef seine Zugführer noch einmal ermahnt hatte, ihren Leuten einzuschärfen, besonders nachts erhöhte Wachsamkeit an den Tag zu legen, waren sie entlassen. Jeder der Unterführer wußte selbst, wie lückenhaft die eigene Front noch war. Der Ausbau der Stellungen ging mit den wenigen Mitteln und noch weniger Männern nur sehr schleppend voran. Hinzu kam, daß sich der Russe bei geringer eigener Gefechtsstärke bei Dunkelheit immer wieder zwischen den Posten hindurchmogelte. So konnte er durch gezielte Aktionen im Bataillonsbereich erhebliche Unruhe stiften. Obwohl allerorts nach Nachschub an Mensch und Material gerufen wurde, kam dieser nur sehr schleppend in Gang. Die dem Herzen Rußlands zustrebenden Divisionen der Heeresgruppe Mitte und Süd wurden jetzt vorrangig behandelt. Man begann bereits zu spüren, daß sich das Gebiet der Heeresgruppe Nord zu einem Nebenkriegsschauplatz entwickeln würde.

„Jetzt seht mal zu, daß ihr den Gruppenunterstand endlich fertigbekommt! Wenn ihr weiter so herumtrödelt, wird es Weihnachten, bis wir uns heimisch einrichten können."

„Jetzt hör dir bloß den Kalle an", frotzelte Klamm. „Kaum daß er was zu sagen hat, läßt er es auch schon raushängen."

„Du mußt dir den Anschiß vom Alten ja auch nicht anhören, wenn bei uns nichts vorwärtsgeht!" konterte Scholz. „Seit zwei Tagen versuche ich euch klarzumachen, daß ihr schneller arbeiten sollt. Bis jetzt habe ich ja ein Auge zugedrückt, weil ich selbst nicht daran geglaubt habe, daß wir hier überwintern müssen. Aber jetzt sieht die Sache anders aus. Also reißt euch am Riemen und haut rein. Übrigens, bevor ich es vergesse. Heute nacht gräbt sich bei uns eine sMG-Gruppe ein. Müßt halt ein bißchen zusammenrücken."

„Auch das noch!" nörgelte Klamm weiter. „Wir machen die ganze Arbeit, und dann kommen andere und machen es sich so richtig bequem bei uns. Das habe ich gern."

„Wenn es nur mal erst bequem wäre", gab Scholz zurück. „Bei eurem Tempo braucht es dazu ja noch 'ne ganze Weile. So, und jetzt Ende der Diskussion!"

Nach Mitternacht verriet das verhaltene Geflüster und leises Schlurfen von Schritten über das mit Trümmerschutt bedeckte Bahnhofsgelände die Ankunft des schweren MG-Zuges. Die bereits am Vortag ausgemachten Stellungen für die insgesamt drei schweren Maschinengewehre wurden bezogen. Zusätzlich dazu kamen die Beobachter zweier Granatwerfergruppen, die sich unmittelbar hinter den Stellungen einbauten, sowie der VB der Infanteriegeschütze in die Stellung der Zwoten. Es wurde tatsächlich eng in den noch immer nicht fertiggestellten Unterständen. Die Nacht selbst verlief verhältnismäßig ruhig. Außer dem obligatorischen Feuerüberfall der Russen und den allerorten in den Nachthimmel steigenden Leuchtkugeln gab es keine Störungen. Vom Gegner unbemerkt, nahmen die Unterstützungswaffen ihre Stellungen ein.

„Hier geht's ja fast so zu wie auf einem Bahnhof", meinte Künzel grinsend, nachdem er das beinahe lautlose Treiben eine Zeitlang beobachtet hatte.

„Sehr witzig!" gab Scholz zurück. Die beiden waren wie die gesamte Kompanie schon seit einer Stunde auf den Beinen. Alle Deckungslöcher und Unterstände waren besetzt. Der Angriff auf Pulkowo und das seitlich von ihnen liegende Kusmino stand unmittelbar bevor, wobei zuerst die Höhen von Pulkowo angegriffen werden sollten und das Dorf Kusmino erst gegen Mittag.

Gegen sechs Uhr morgens am 23. September näherte sich aus Südwesten das Brummen unzähliger Flugzeugmotoren. Bomber und Sturzkampfflugzeuge sollten die vor Pulkowo liegenden Höhen sturmreif bomben. Das an diesem Morgen herrschende Wetter – es war wolkenlos, und ein strahlend schöner Herbsttag stand bevor – begünstigte den Angriff der Bomber. Die russischen Stellungen lagen im blutroten Schein der heraufziehenden Sonne unter ihnen, und das intensive Rot des Morgens schien für die Ströme von Blut zu stehen, die an diesem Tag auf beiden Seiten vergossen werden sollten. Trotz starker russischer Flugabwehr belegten die deutschen Flugzeuge die erkannten gegnerischen Stellungen mit ihrer tödlichen Fracht. Ununterbrochen stiegen riesige Erdfontänen in den Himmel, und die aufgewirbelten Rauch- und Staubwolken begannen, das unter ihnen liegende Gelände wieder in ein diffuses Halbdunkel zu hüllen. Anschließend eröffnete die Artillerie einen gewaltigen Feuerschlag gegen die Höhen, unter dessen Schutz die Grenadiere gegen die feindlichen Stellungen vorgingen. Doch trotz dieser gewaltigen Feuervorbereitung gelang es der angreifenden Infanterie nicht, die Höhen von Pulkowo in ihren Besitz zu nehmen. Aus den bestens ausgebauten Vorderhangstellungen der Russen schlug den Angreifern ein wahrer Feuerorkan aus Infanteriewaffen entgegen. Das zu überwindende Vorgelände lag unter massivstem Infanteriefeuer.

Von den Stellungen der Zwoten aus war von alledem nichts zu sehen. Nur das gewaltige Donnern und Rollen der sich dort entwickelnden Schlacht ließ auch bei ihnen bisweilen den Boden leicht erzittern.

„Bin neugierig, wie lange der Iwan vor uns noch Ruhe gibt.“ Moser hatte sich in die Stellung von Scholz geschoben und beobachtete wie alle anderen auch quer über das Bahnhofsgelände nach drüben. Es war bereits nach elf Uhr vormittags, und trotz der empfindlichen Kälte der Nacht war es noch einmal angenehm warm geworden. Die vom frühen Morgen an scheinende Sonne trocknete bereits den vom Regen der letzten beiden Tage aufgeweichten Boden.

„Sieht alles ruhig aus dort drüben“, meinte Moser, nachdem er eine ganze Weile über das Trümmergelände hinweggestarrt hatte.

„Vielleicht hat der Iwan den Großteil seiner Leute von dort abgezogen“, meinte der VB der Granatwerfer, der im Nachbarloch saß und mit anhörte, was Moser von sich gab. „In einer halben Stunde wissen wir mehr. Dann treten die Kumpels vom Zwoten an. Vielleicht geht's ja dann doch noch weiter nach Leningrad.“

„Na, deinen Optimismus möchte ich auch mal haben“, gab Moser zurück. Der rollende Donner mehrerer Geschützbatterien, die irgendwo hinter ihnen in Stellung waren, machte jede weitere Unterhaltung zunichte. Zischend und gurgelnd flogen die Granaten der eigenen Artillerie über ihre Köpfe hinweg und schlugen unmittelbar darauf am Dorfrand und im Dorf selbst ein. Das zehnminütige Vorbereitungsfeuer hatte begonnen. Unmittelbar darauf trug der leichte Wind das Kleckern von Infanteriefeuer heran. Grüne Leuchtkugeln stiegen bei den Russen in den Himmel, und gleich darauf kündigte ein gewaltiges Rauschen in der Luft das Eintreffen des gegnerischen Sperrfeuers an. Aus ihren Stellungen heraus konnten die Grenadiere beobachten, wie der stählerne Todesvorhang auf die angreifenden Grenadiere niederging und sie zum Teil von dem sich emporwölbenden Rauchvorhang verschluckt wurden. Dennoch hatten schon mehrere Züge das erst spät einsetzende sowjetische Sperrfeuer unterlaufen und drangen mit Hurra-Gebrüll in die Stellungen der Russen am Dorfrand ein. Gleichzeitig begannen die bei der Zwoten eingesetzten schweren MGs zu rattern. Die angreifenden Grenadiere wurden, sofern die Möglichkeit dazu vorhanden war, von den Maschinengewehren aus der Flanke heraus unterstützt. Die Feuerschnüre der Leuchtspurgeschosse flitzten zu den russischen Stellungen hinüber und hielten dort die Infanterie in Deckung. Die vorgeschobenen Beobachter in der Stellung der Zwoten gaben ihre Koordinaten durch und lenkten das Feuer auf von ihnen erkannte Widerstandsnester. So wurde nach Kräften das Vordringen der Kameraden unterstützt. Die Bedienungen der Granatwerfer und Infanteriegeschütze arbeiteten, bis ihnen der Schweiß aus allen Poren über den Körper strömte. Schuß auf Schuß verließ die Rohre und zog seine Bahn zum Gegner hinüber.

Und doch konnte diese Unterstützung nur von kurzer Dauer sein!

Zum einen begann jetzt die russische Artillerie, die Gräben der Zwoten einzudecken. Zum anderen waren die angreifenden Grenadiere bereits so weit in den Ort eingedrungen, daß eine Feuerunterstützung nicht mehr möglich war, ohne die Kameraden zu gefährden. Aber trotz allem Angriffsschwung und eigener Feuerunterstützung schlug der Angriff nicht durch. Je weiter die Grenadiere in den Ort eindrangen, desto mehr verstärkte sich der gegnerische Widerstand. Jedes Haus war zu einem Bunker ausgebaut, und überall verlangsamten Drahthindernisse und Schützengräben das weitere Vordringen. Zudem erhielten die Landser jetzt gezieltes Flankenfeuer von einem Bahndamm, welches ein weiteres Vorgehen zunächst unmöglich machte. So wie vor den Höhen von Pulkowo blieb auch hier der Angriff im zusammengefaßten Feuer der gegnerischen Infanterie und Artillerie liegen. Die Grenadier mußten sich eingraben, wobei sie sich teilweise auf die von den Russen eroberten Unterstände und Gräben stützen konnten.

Überall vor Leningrad begannen sich die Linien zu versteifen, und jetzt war wohl auch dem Letzten unter den Landsern klar, daß der Krieg hier in eine neue Phase gehen würde. In den nächsten Wochen wurde daher der Ausbau eines richtigen Verteidigungssystems mit Bunkern, Stacheldrahtverhauen und Minenfeldern vorangetrieben. Der bisher angriffsgewohnte Landser mußte sich umstellen. Von jetzt an begann eine Reihe blutiger Abwehrkämpfe an der Leningrader Front.

Nachdem also der direkte Angriff auf Leningrad eingestellt worden war, versuchte die deutsche Führung dennoch den Fall der Stadt herbeizuführen. Mit einer Angriffsoperation der 16. Armee, der alle verfügbaren Kräfte der Nordfront zur Verfügung gestellt wurden, sollte durch einen großen Einschließungsring die Stadt von jedem Nachschub abgeschnitten werden. Der Plan sah vor, am Wolchow zum Angriff nach Osten und Nordosten vorzugehen. Der Fluß sollte in breiter Front überschritten werden, wobei der Schwerpunkt hier beim XXXIX. Panzerkorps liegen sollte. Das Korps hatte sich in den Besitz von Tichwin zu setzen und von dort aus weiter nach Norden vorzustoßen. Es sollte so die Verbindung zu den am Swir zwischen Ladogasee und Onegasee stehenden Finnen hergestellt werden. Wäre diese Operation erfolgreich abgeschlossen worden, so wäre Leningrad tatsächlich von jedem weiteren Nachschub abgeschnitten gewesen. Man konnte annehmen, daß die unmittelbare Folge daraus die schnelle Erschöpfung sämtlicher Vorräte und somit die unausweichliche Kapitulation der dort stehenden sowjetischen Verbände gewesen wäre. Allerdings setzte diese großzügig angelegte Operation eine stetig abnehmende Kampfkraft der Sowjets voraus, die zu diesem Zeitpunkt von den Heeresgruppen Süd und Mitte in gewaltigen Kesselschlachten dezimiert wurden. Hitler überschätzte auf der einen Seite die Verluste der Sowjets und unterschätzte auf der anderen Seite die noch immer gewaltigen Mengen an Menschen und Material, die dem russischen Koloß zur Verfügung standen. Die durch den Nichtangriffspakt der Sowjets mit Japan freigewordenen Fernostarmeen wurden zu diesem Zeitpunkt bereits in Marsch gesetzt. Es war folglich nur eine Frage der Zeit, bis deren erste Einheiten an der Front eintrafen. Gleichzeitig steigerten die Amerikaner ihre Hilfslieferungen an Rußland, wodurch der immense Verlust an Material teilweise ausgeglichen werden konnte.

Und der zweite Faktor, den es zu berücksichtigen galt, war der bevorstehende Winter. Die deutschen Planungen waren von einem Ende des Feldzuges gegen die Sowjetunion noch vor Einbruch des Winters ausgegangen, und so lagerten die für einen Winterkrieg wichtigen Ausrüstungsgegenstände noch immer in der Heimat. Die Landser kämpften auch jetzt noch in ihren Sommeruniformen, obwohl es bereits zu erstem Frost kam und der Winter in diesem Jahr ungewöhnlich früh und ungewöhnlich hart hereinbrach. Das deutsche Ostheer stand somit unmittelbar vor dem Rand einer Katastrophe, von dem seine Soldaten im Moment jedoch noch nichts ahnten…

Während sich die Führung der 16. Armee mit der Planung des neuen Angriffsvorhabens trug, begann vor den Stellungen der SS-Polizei-Division der Stellungskrieg. Im Laufe der folgenden Wochen wurde ein durchgehendes Stellungssystem angelegt und durch kleinere Aktionen eine weitere Frontbegradigung durchgeführt. Als Folge dessen wurden weniger Mannschaften benötigt. Diesmal traf das Glück die von den Kämpfen der vergangenen Wochen äußerst mitgenommene zweite Kompanie.

Anfang Oktober wurde die Kompanie aus der Stellung herausgelöst und als Bataillonsreserve in ein kleines Kaff mehrere Kilometer südöstlich von Puschkin zurückgenommen.

„Menschenskinder, ihr seht ja aus wie die Hottentotten!" wurde die beim Troß angelangte Kompanie von Hauptfeldwebel Radtke begrüßt. Mit in die Seiten gestemmten Armen stand der Spieß vor „seiner Kompanie", wie er sie zu nennen pflegte, und betrachtete sich aufmerksam das, was von den verlustreichen Kämpfen der letzten Wochen zurückgekehrt war. Obwohl Radtke nach außen hin immer den bärbeißigen, polternden Vorgesetzten markierte – denn tatsächlich wirkte er mit seiner stämmigen Figur und den dichten schwarzen Haaren, die er nicht nur auf dem Kopf trug, wie ein kleiner Bär – war er tief in seinem Inneren doch ein eher feinfühliger und gutmütiger Mensch. Hatte einer seiner Jungens tatsächlich mal ernsthafte Probleme, so konnte dieser sich ohne Bedenken an den stämmigen Hauptfeldwebel wenden. „Papa Radtke", so wurde der Anfang der Vierziger stehende Junggeselle im allgemeinen genannt, wußte in der Regel immer einen brauchbaren Rat. Zumindest mobilisierte er alles in seiner Macht stehende, damit sich derjenige, um den es in dieser Angelegenheit ging, mit seinem Problem fern der Heimat nicht alleine gelassen fühlte.

Obwohl er jetzt mit strengem Blick vor der im Hof des örtlichen Kulturhauses angetretenen Kompanie stand und so tat, als gefiele ihm ganz und gar nicht, was er hier vor sich zu sehen bekam, ging es ihm letztlich natürlich nicht um das äußere Erscheinungsbild seiner vom Kampf gezeichneten Männer.

Unrasiert, strotzend vor Dreck und deutlich gezeichnet von den Strapazen des Kampfes, taten sie ihm leid. Noch mehr tat ihm leid, daß von den ehemals mehr als einhundertzwanzig Männern, die noch vor wenigen Wochen in seiner Kompanie Dienst taten, nur noch wenig mehr als fünfzig Männer übriggeblieben waren.

„Na, da werden wir ja allerhand zu tun haben, um aus euch allen wieder so etwas wie zivilisierte Mitteleuropäer zu machen. Hölzlein!“ brüllte Radtke, und schon einen Augenblick später stand der Schreibstubengefreite neben dem Spieß. „Zeig den Leuten ihre Unterkunft, und dann sollen sie sich erstmal ordentlich säubern. Anschließend gibt es was Ordentliches zu futtern. Für den Rest des Tages ist dann erst einmal dienstfrei. Und jetzt“, er wandte sich wieder der angetretenen Kompanie zu, „wegtreten!“

„Jawohl, Herr Hauptfeldwebel“, kam es aus den etwa fünfzig Kehlen. Dann wurde damit begonnen, die Züge, oder besser gesagt das, was von ihnen übriggeblieben war, auf die einzelnen Räume aufzuteilen.

„Mensch, ich glaub es einfach nicht!“ Scholz seifte sich bereits zum zweiten Mal gründlich von oben bis unten ein und genoß es in vollen Zügen, sich das warme Wasser aus einer Blechgießkanne, die ihm Künzel über den Kopf hielt, am Körper herunterlaufen zu lassen. „Ich möchte nur zu gerne wissen, wie die es geschafft haben, in diesem Kaff ein Badehaus aufzuziehen.“

„Tja, so schnell macht das unserem Spieß halt keiner nach“, gab Künzel zu. „Das einstige Waschhaus mit wenigen Griffen zu einem Badehaus für die Kompanie umfunktionieren. Ideen muß der Mensch haben! Der Spieß ist schon richtig, auch wenn er manchmal den Starken markiert.“

Nach knapp zwei Stunden war die Kompanie wieder so weit auf Vordermann gebracht, daß man in den unrasierten, in zerschlissenen Uniformen Angekommenen durchaus wieder echte Soldaten erkennen konnte. Frische Wäsche und Uniformen waren ausgegeben worden, und nach dem vom Spieß angeordneten, reichhaltigen Essen gab es als zusätzliche Überraschung auch noch Post und für jeden zwei Packungen Zigaretten sowie für je drei Mann eine Flasche Wodka.

„Herz, was willst du mehr!“ Genüßlich stocherte Klamm in seinen Zähnen und zog zwischendurch an seiner Zigarette. „Kinder, ich weiß gar nicht mehr genau, wann ich das letzte Mal eine Aktive geraucht habe. Mir ist der Kippentabak schon zu den Ohren rausgequollen. Mit dem Essen hat sich unser Küchenbulle ja wirklich selbst übertroffen, das muß man ihm schon lassen. Wenn ich da an die letzten Wochen denke…"

Den Rest des Satzes ließ er im Raum stehen.

„Jetzt sollten wir eigentlich nur noch warme Klamotten bekommen, dann ließe es sich hier so im großen und ganzen schon aushalten." „Stimmt", pflichtete Seliger bei, während er einige Scheite Holz in den kleinen Kanonenofen schob. „Ich habe gehört, weiter oben bei den Finnen hat´s schon mächtig Schnee. Da kann man bloß hoffen, daß es bei uns noch 'ne Weile ohne geht."

Eben hatte es draußen wieder heftig zu regnen begonnen, und wie auf Kommando drehten die Landser ihre Köpfe und blickten nachdenklich zum Fenster hinaus. Die Sorgen um den nahenden Winter waren nicht unbegründet, da es jetzt bereits jede Nacht Frost gab. Von den weiter ostwärts Richtung Schlüsselburg am Ladoga-See stehenden Einheiten wurde schon teils strenger Frost gemeldet, und das, obwohl die so dringend benötigte Winterkleidung noch immer zum größten Teil in den heimatlichen Depots eingelagert war. Nach und nach begann sich herauszukristallisieren, daß die deutsche Wehrmacht für einen Winterkrieg im Osten keinerlei Vorbereitungen getroffen hatte.

„Diese verdammte Kälte macht mich noch wahnsinnig!" Beinahe unablässig trampelte Klamm von einem Fuß auf den anderen, um zumindest seine Füße davor zu bewahren, binnen kürzester Zeit zu Eisklumpen zu gefrieren. Es war der 21. November, und seit zwei Tagen hatten sie wieder einmal ihre Stellungen am Bahnhof von Puschkin eingenommen. Die letzten Tage hatte es immer wieder Schneefall gegeben, und so lag jetzt eine dicke weiße Schneeschicht über den Trümmern und Stellungen. Nur dort, wo die letzten Lagen der russischen Artillerie eingeschlagen waren, hatte die weiße Pracht häßliche braune Löcher. Pokkennarben des Krieges im weißen Leichentuch des Winters.

„Heute früh hatten wir 21 Grad unter Null! Und ich verwette meinen Arsch darauf, daß es jetzt noch kälter ist." Klamm wetterte in einer Tour, und Seliger, der neben ihm auf Posten stand, fragte sich, woher sein Kamerad überhaupt noch die Energie nahm, andauernd vor sich hinzuschimpfen. Seit sie vor einer dreiviertel Stunde in den vorgeschobenen, durch einen erst ein Meter tiefen Verbindungsgraben in den Beobachtungsposten nach vorne gekrochen waren, hatte er in seinem dünnen Sommermantel erbärmlich gefroren. Überhaupt konnte er sich nicht daran erinnern, jemals in seinem Leben derart extrem gefroren zu haben. Alles an ihm schien nur noch aus Eis zu bestehen, und selbst die in Handschuhen steckenden Hände, die er zusätzlich noch tief in den Manteltaschen vergraben hatte, schienen aus unförmigen Eisklumpen zu bestehen. Überhaupt verwandelten sich die Soldaten an der Ostfront in diesen Tagen immer mehr in eine bunte Mischung aus „Räuberzivil" und Uniform. Obwohl immer wieder per Befehl gegen diese Tatsache vorgegangen wurde, scherte sich in der Realität kaum jemand darum. Was nutzte es, soldatisch korrekt gekleidet zu sein, wenn einen dadurch binnen weniger Minuten die Kälte zu einem Eisblock erstarren ließ.

„Mensch, Franz, wenn wir nicht bald von hier wegkommen, dann kann die Ablösung mich als Eisblock in der Ekke stehen lassen und mich im Frühjahr wieder auftauen. Meine Hände sind so starr, daß ich wahrscheinlich noch nicht einmal meine Knarre bedienen könnte, würde der Iwan jetzt plötzlich vor uns auftauchen."

„Mal bloß den Teufel nicht an die Wand! Mir reicht es noch von heute morgen", gab Klamm zurück, dem bei jedem Wort eine weiße Dampfwolke vor dem mit einem Schal zugebundenen Mund stand. Dort, wo Mund und Nase waren, hatte sich auf dem Schal inzwischen eine dicke Reifschicht gebildet. Ebenso wie Seliger hatte auch er sich über das Schiffchen, das sie anstelle des Stahlhelmes trugen, einen Schal gebunden und ihn zusätzlich so um den Kopf gewickelt, daß nur noch die Augen hervorsahen. „Da hat ja wirklich nicht viel gefehlt, und der Iwan hätte die gesamte Kompanie im Sack gehabt. Kein Wunder, daß unser Alter die beiden Schnarchzapfen gehörig zur Sau gemacht hat."

Was Klamm meinte, war die Tatsache, daß es kurz vor Morgengrauen einem starken russischen Stoßtrupp gelungen war, von Kusmino her, dessen nordöstliche Ecke sich nach wie vor in der Hand der Sowjets befand, sich unbemerkt an ihrem Horchposten vorbeizuschieben und in die Stellung der Kompanie einzubrechen. Nur unter Aufbietung aller Kräfte und im harten Kampf Mann gegen Mann war es gelungen, die Russen wieder hinauszuwerfen. Der Horchposten bekam von den Vorgängen erst etwas mit, als hinter ihm schon wilder Kampflärm tobte. Sicher war es ihr Glück, daß der Gegner von der Existenz des erst zwei Tage alten Postenstandes noch nichts wußte und deshalb unweit davon daran vorbeikam, ohne daß die eine oder andere Seite etwas bemerkte. Hätte der Russe um das Vorhandensein der beiden Posten gewußt, wären sie heute schon auf dem Weg nach Sibirien oder – schlimmer noch – nicht mehr am Leben.

Rascheln und ein kurzes, leises Flüstern im hinteren Teil des Verbindungsgrabens zeigten an, daß endlich die schon lange herbeigesehnte Ablösung angekrochen kam. Aufgrund der jetzt rasch einfallenden Dämmerung hatte man nur noch wenige Meter Sicht nach vorne über die Gleisanlagen hinweg, und das abwechslungsreiche Schattenspiel des Zwielichts vermochte einem zu dieser Zeit des schwindenden Tages gerne Dinge vorzugaukeln, die nicht vorhanden waren. Die eben noch an das helle Licht des Tages gewohnten Sinne mußten sich erst einmal an die veränderten Licht- und Geräuschverhältnisse der hereinbrechenden Nacht gewöhnen, und so waren Klamm und Seliger doppelt froh, endlich abgelöst zu werden. Seliger forderte die sich nähernde Ablösung mit gedämpfter Stimme auf, die Parole zu nennen. Ein, vielleicht zwei Sekunden geschah gar nichts, dann ging alles sehr schnell!

Anstelle der erwarteten Kameraden sprangen plötzlich zwei Russen auf und drangen in das Postenloch ein. Noch ehe die beiden vermummten und vor Kälte beinahe starren Deutschen überhaupt an Gegenwehr denken konnten, hatte man ihnen bereits die Kehlen durchschnitten. Der Überfall war in vollkommener Lautlosigkeit erfolgt und hatte nur wenig mehr als eine Viertelminute gedauert. Lautlos schoben die beiden mit weißer Tarnkleidung versehenen Russen die toten Deutschen über den Rand des Loches nach vorne hinaus, um Platz für sich zu schaffen. Dann vertauschten sie ihre Stahlhelme mit denen der Toten und kauerten sich in dem Loch so zusammen, daß die in wenigen Minuten eintreffende Ablösung nur schwer etwas bemerken konnte. Ihr Ziel war, auch diese beiden Soldaten unschädlich zu machen oder, wenn möglich, einen von beiden lebend mit zurückzubringen. Aber auch wenn sie beide töten mußten, so war das Unternehmen noch immer ein großer Erfolg. Immerhin hatten sie nicht im entferntesten damit gerechnet, hier auf einen Horchposten der Deutschen zu treffen und diesen dann auch noch so problemlos ausheben zu können.

Nachdem sie etwa fünf Minuten beinahe regungslos gewartet hatten, verrieten die sich durch den Stichgraben annähernde Geräusche die erwartete Ablösung.

„Still, Kurt!" Wolfgang Fleischer vom 2. Zug, der zusammen mit Kurt Hausmann die Ablösung für den Horchposten stellte, war mißtrauisch geworden. Wahrscheinlich war es mehr eine Ahnung als tatsächliches Wissen, was Fleischer jetzt warnte. Irgend etwas stimmte dort vorne nicht, obwohl er keinerlei Geräusch hörte. Vielleicht war es ja gerade das, was ihm nicht gefiel. Zwar konnte er auch ansonsten nichts Verdächtiges wahrnehmen, doch sagte ihm eine innere Stimme, daß hier äußerste Vorsicht geboten war. Es trennten sie wohl noch gute fünfzehn Meter vom Postenstand, und eigentlich hätte man zumindest leises Flüstern oder irgendwelche anderen Geräusche wahrnehmen müssen. Doch es herrschte absolute Stille! Vorsichtig wendete er den Kopf nach hinten und deutete Hausmann an, still zu sein. Dann zog er, möglichst jegliches Geräusch vermeidend, seine Russen-MPi vom Rücken und legte vorsichtig den Sicherungshebel um. Dennoch zeigte ein leises, metallisches Knacken an, daß er seine Waffe entsichert hatte. Schon im nächsten Augenblick blitzte es vor seinen Augen grell auf, und das markante Hämmern einer Maschinenpistole zerriß die herrschende Stille. Unwillkürlich hatte auch Fleischer durchgezogen, und noch während die ihm entgegenrasenden Geschosse nur wenige Zentimeter über seinem Kopf hinweg irgendwo weiter hinten in die Wände des Grabens schlugen, hatte er ein ganzes Magazin in die eben noch vom Aufblitzen des Mündungsfeuers erhellte Dunkelheit vor sich abgefeuert. Ein unterdrückter Schrei und das weitere Ausbleiben von Gegenwehr zeigten Fleischer, daß er getroffen hatte.

Er wartete mehrere Augenblicke, während der er sich nach seinem Hintermann erkundigte. „Alles in Ordnung", gab Hausmann zurück. „Sehen wir lieber nach, was mit den Kameraden ist." Um die letzten Meter schneller zurücklegen zu können, erhoben sich die beiden und stürmten in gebückter Haltung weiter vor. Kaum eine Minute später sahen sie, was vorgefallen war. Um weiteren Überraschungen vorzubeugen, beobachteten sie erst einmal gründlich das beinahe dunkle Gelände. Nur die helle Schneedecke sorgte dafür, daß es hier draußen nicht stockdunkel war. Da und dort warfen Mauerreste schwarze Schatten, innerhalb deren Bereich die völlige Dunkelheit ein genaues Beobachten unmöglich machte. Obwohl es im Vorfeld vollkommen ruhig war, konnte der Russe doch überall lauern. Der Iwan war ein Meister der Tarnung, und manche unter ihnen lauerten oft stundenlang in vollkommener Regungslosigkeit dort draußen, um dann die sich ihnen bietende Chance wahrzunehmen.

„Kunststück", dachte sich Hausmann. „Mit deren Winterausrüstung läßt sich leicht Krieg führen." Noch eine weitere Minute verbrachten sie mit angestrengtem Beobachten. Doch außer den üblichen Geräuschen der Front und ab und an in einiger Entfernung hochsteigender Leuchtpatronen ließ sich nichts Außergewöhnliches feststellen.

„Scheint so, als ob die beiden alleine unterwegs waren", meinte Fleischer und nickte zu den an der Grabenwand zusammengesunkenen Gestalten hin. „Los, schmeißen wir die Kerle raus, damit endlich Platz ist!"

Sie hoben die beiden toten Russen über den Rand hinweg nach draußen und schoben sie mit den Karabinern der toten Kameraden etwas vom Rand der Deckung weg. „Was machen wir mit den Unseren?" wollte Fleischer wissen.

„Lassen wir sie liegen, oder schaffen wir sie gleich zurück?"
„Gleich geht nicht!" erwiderte Hausmann. „Wir nehmen sie nach der Ablösung mit zurück. Bis dahin lassen wir sie da, wo sie sind. Ist eh schon eng genug hier drin."
„Sei mal ruhig! Ich glaub´, ich hab´ was gehört." Augenblicklich hielten beide die Luft an und horchten angestrengt in die Dunkelheit der Nacht. Tatsächlich näherte sich durch den Laufgraben ein Geräusch.
„Halt, Parole!" Mit der MPi im Anschlag wartete Hausmann auf eine entsprechende Antwort, die auch nur einen Augenblick später gegeben wurde. „Eisvogel", gab eine Stimme halblaut die für den heutigen Tag gültige Parole. Dann wurden die schlurfenden Geräusche zusehends lauter. Alarmiert durch den Kampflärm, kam wenig später Leutnant Brandel zusammen mit Scholz angekrochen und schob sich in das enge Postenloch.
„Eine verdammte Schweinerei ist das!" würgte Brandel bitter hervor. „Ich war von Anfang an gegen diese exponierte Lage. Jetzt haben wir den Salat. Nach nur zwei Tagen schon zwei Tote. Los, Scholz, pack an! Wir nehmen einen gleich mit zurück. Den anderen bringt ihr dann nach." Scholz, der noch immer geschockt über die Tatsache war, zwei seiner Kameraden, mit denen er noch vor einer guten Stunde geredet hatte, jetzt tot zu sehen, packte mehr unbewußt als gewollt den ihm am nächsten liegenden Toten und zog ihn zu sich heran. Scholz wußte nicht, wer es war, da beide Soldaten durch die vielen Kleidungsstücke, die sie vor dem Erfrieren bewahren sollten, sich glichen wie ein Ei dem anderen. Den um den Kopf gewickelten Schal entfernen, um zu sehen, wen er hereingezogen hatte, mochte er nicht. Ihm genügte die Tatsache zu wissen, daß keiner von beiden mehr am Leben war.
„Herr Hauptmann, jetzt steht doch wohl fest, daß uns dieses vorgeschobene Postenloch nicht im entferntesten einen Vorteil verschafft. Zwei meiner besten Leute tot, und das nur deshalb, weil man beim Regiment darauf besteht, daß nach Möglichkeit fünfzig oder noch mehr Meter vor der Front ein Horchposten aufgestellt wird. Ich habe von Anfang an gewußt, daß uns so was nur Nachteile bringt. Es

weiß doch jeder, daß der Iwan nur darauf lauert, unsere vorgeschobenen Posten einzukassieren."

Mit düsterer Miene schüttelte Brandel den Kopf über den sinnlosen Verlust, den sein Zug dadurch erfahren hatte.

„Jetzt beruhigen Sie sich erstmal, Brandel. Mit gefällt die Sache ebensowenig wie Ihnen, das wissen Sie. Ich habe mich deswegen auch beim Bataillon schon mehrere Male ins Zeug gelegt, und Kleinfeld hat mir da auch durchaus zugestimmt, insbesondere deshalb, weil nicht nur bei uns die Überfälle auf die Horchposten zunehmen. Selbstverständlich werde ich nochmal beim Bataillon nachfragen, und bis dahin nehmen wir unseren Posten auf die Stellung zurück. Das nehme ich auf meine Kappe. Immer noch besser, als womöglich weitere Leute einzubüßen. Den Laufgraben riegeln wir ab, und für den Iwan lassen wir noch eine schöne Überraschung zurück, falls er es noch einmal versucht."

Die nächsten Tage vergingen mit der Abwehr einzelner Stoßtruppunternehmungen des Russen, die allesamt abgewiesen werden konnten. Einzelne kleinere Einbrüche, die insbesondere an der rechten Nahtstelle zur 121. Infanteriedivision erfolgt waren, wurden meist unmittelbar in örtlichen Gegenstößen wieder bereinigt. Weiterhin waren die Leute damit beschäftigt, die Stellungen weiter auszubauen und sich auch in der vordersten Linie so gut es ging winterfest einzurichten. Überall wurden zusätzliche Unterstände in die jetzt hartgefrorene Erde getrieben. Da dem Boden bei diesen Temperaturen kaum noch mit Spitzhacke und Spaten beizukommen war, mußte mit Sprengladungen nachgeholfen werden. Meist jedoch wurden dafür Handgranaten herangezogen, da sich durch den enormen Verbrauch beim Stellungsbau ein Mangel an Sprengpatronen bemerkbar machte. Dies wiederum führte dazu, daß die für den Stellungskampf so dringend benötigten Handgranaten mancherorts knapp wurden und per Befehl ein zweckentfremdeter Gebrauch untersagt wurde. Wo es möglich war – und das war meist im rückwärtigen Raum – wurde vor dem Bunkerbau an dem Ort, an dem er entstehen sollte, ein großes Feuer entzündet und so die Erde zum Auftauen gebracht. So wühlten sich die Kompanien, Bataillone und deren Trosse nach und nach tiefer in die Erde, und bald glich die Front vor Leningrad jenen Frontabschnitten des ersten Weltkrieges, an denen sich die verfeindeten Parteien oft viele Monate oder gar einige Jahre lang in verbissenem Ringen gegenüberlagen.

Im Dezember fielen die Temperaturen weiter ab. Anfang des Monats war es bereits keine Seltenheit mehr, daß Temperaturen um oder unter Minus 30 Grad gemessen wurden. Während die Sowjets bereits in ihrer für derartige Verhältnisse angefertigten Uniform fochten, herrschte bei den Deutschen noch immer Mangel. Selbst die nach und nach eintreffenden Winteruniformen waren für die beinahe arktischen Verhältnisse denkbar ungeeignet. So nahmen auch die Ausfälle aufgrund von Erfrierungen in den Kompanien rapide zu und schwächten die Kampfkraft der Divisionen weiter. Auch beim Nachschub und bei den Waffen, hier besonders bei den automatischen Waffen, machten sich die tiefen Temperaturen bemerkbar. Die Fahrer der Versorgungsfahrzeuge hatten immer größere Mühe, die Motoren ihrer Lkws zum Laufen zu bringen. Um einem Auskühlen der Motoren vorzubeugen, ließen die Fahrer die Maschinen oft einfach im Lehrlauf arbeiten, was wiederum zur Folge hatte, daß der ohnehin bereits spärlich laufende Nachschub an Kraftstoff noch weiter verlangsamt wurde. Zudem verschlang die Heeresgruppe Mitte und die trotz widrigster Umstände noch immer laufende Offensive auf Moskau den Löwenanteil des benötigten Nachschubs an der Ostfront. Trotz der beinahe stündlich größer werdenden Schwierigkeiten bei der Heeresgruppe Mitte drängte Hitler darauf, die Operation fortzusetzen. Immerhin rechnete man beim Oberkommando des Heeres damit, daß bei den Sowjets nach den immensen Verlusten der deutschen Sommeroffensive keine oder nur mehr geringe Reserven zur Verfügung stünden. Eine eklatante Fehleinschätzung!

In der zweiten Dezemberwoche gab es auch an der Nordfront erste Gerüchte darüber, daß es vor Moskau nicht mehr weiterging, daß im Gegenteil die Sowjets zu einer Offensive großen Stiles angetreten seien. Die im asiatischen Raum durch den Nichtangriffspakt zwischen der Sowjetunion und dem japanischen Kaiserreich frei gewordenen sibirischen Divisionen waren an der Front vor Moskau eingetroffen und wurden in den Kampf geworfen. Diese gut ausgerüsteten, für den Winterkrieg besonders ausgebildeten Divisionen gaben mit ihrer außerordentlich hohen Kampfkraft den Ausschlag. Die bereits durch bis dahin hohe Verluste und das jetzt mit aller Macht einsetzende extreme Winterwetter stark angeschlagenen deutschen Divisionen hatten den frischen Verbänden der sowjetischen Fernostarmee nicht mehr viel entgegenzusetzen.

Die am 10. Dezember beginnende große sowjetische Winteroffensive traf vom Weißen bis zum Schwarzen Meer auf entkräftete, von den Gewalten der Natur gezeichnete Soldaten, die sich teilweise nur noch mühsam aufrecht halten konnten. Hier war endgültig das Ende der deutschen Blitzkriegstrategie erreicht!

Für die nächsten Monate nahm der Russe, zusammen mit seinem besten Verbündeten, dem „General Winter", das Heft in die Hand, und nur durch äußerste Kraftanstrengung auf deutscher Seite konnte eine noch größere Katastrophe verhindert werden. Auch vor Leningrad machte sich die allgemeine Angriffsstimmung bei den Sowjets bemerkbar. Obwohl beim Regiment wieder Nachschub an frisch ausgebildeten Soldaten eingetroffen war, ließ sich dieser als eher spärlich beschreiben, nachdem die Mannschaften auf die einzelnen Einheiten aufgeteilt worden waren. Außerdem war ein Marschbataillon Genesener zurückgekehrt und füllte die arg gelichteten Reihen ein wenig auf.

Auch bei der 2. Kompanie gab es Nachersatz aus der Heimat, ganze fünf Mann, die der auf 35 Soldaten zusammengeschrumpften Kompanie zugeführt wurden.

„Ich glaub' nicht, was ich da sehe!" brüllte Scholz und sprang von der leeren Munitionskiste auf, die ihm als Hokker diente. Dabei hätte er sich beinahe den Kopf an der niedrigen Bunkerdecke gestoßen. „Der Reitinger! Der Herbert ist wieder da!“ Bevor sich Reitinger in Sicherheit bringen konnte, schlug ihm Scholz mit der Rechten auf die Schulter, daß der Rauhreif auf dem Mantel wie Puderzucker staubte. „Mensch, Herbert, ist das eine Freude. Ich kann es kaum glauben, daß du dich wieder in das Drecksnest hier verirrt hast.“

Reitinger, der über so viel zutage gelegte Freude seines Kameraden verlegen grinsen mußte, zuckte mit der vom derben Schlag seines Kameraden noch immer leicht wimmernden Schulter.

„Ich hab mir halt gedacht, daß ihr mich hier wahrscheinlich gut gebrauchen könnt. Und da bin ich!“

„Und da ist er!“ brüllte Scholz. „Los, Zacher, den Wodka her und ein Glas! Der Herbert sieht aus, als ob er einen kräftigen Schluck vertragen könnte.“ Tatsächlich sah Reitinger in seinen Klamotten aus wie ein unförmiger Bär, dessen Fell übervoll mit Eiskristallen behangen war. Dort, wo er stand, bildete sich aufgrund der im Bunker herrschenden Wärme bereits eine kleine Lache aus Schmelzwasser.

„Los, schmeiß dein Zeug dort auf die Pritsche in der Ekke und erzähl', was es Neues gibt in der Heimat.“

„Nicht viel!“ gab Reitinger zurück, während er sich aus seinen Sachen schälte. Viel hatte er nicht bei sich, außer seiner Waffe, einem Karabiner, noch einen kleinen Leinensack. Sein Marschgepäck hatte er beim Troß zurückgelassen. Man hatte ihm dort erklärt, daß es so praktischer sei, da die Kompanie sowieso alle acht Tage für zwei Tage nach hinten in Ruhe kam. So wurde jeder Kompanie im Bataillon zumindest etwas Erholung zuteil, während der sich die Mannschaften wieder einigermaßen auf Vordermann bringen konnten.

„Aber ich hab´ euch natürlich eine Kleinigkeit mitgebracht!“ Nachdem er seine Sachen verstaut hatte, packte er den Leinensack und stellte ihn vorsichtig auf den aus rohen Brettern zusammengenagelten Tisch, der mitten im Raum neben dem glühendheißen Kanonenofen stand. Zachers und Scholz' Augen richteten sich gespannt auf den Sack, während Reitinger demonstrativ langsam die um das obere Ende gewickelte und verknotete Schnur losband.

Dann zog er zwei Flaschen französischen Cognac hervor, die Scholz mit einem schnalzenden Geräusch seiner Zunge kommentierte. Des weiteren brachte er eine Seite geräucherten Speck, eine Stange Hartwurst und ein großes, rundes Brot zum Vorschein. Zum Schluß legte er noch eine Kiste Zigarren dazu. Dann war der Sack leer.

„Mensch, Herbert!“ Andächtig deutete Zacher auf die über den Tisch verteilten Kostbarkeiten. „Steht deine Beförderung zum General bevor, oder“, er grinste breit, „hast du das Zeug dem Furier geklaut.“

„Weder noch.“ Mit ernster Mine sah er auf seine Kameraden herab, die beide am Tisch saßen und sich betrachteten, was da vor ihnen aufgebaut lag. „Aber ich dachte mir, vielleicht sollte ich von meinem Hochzeitstisch eine Kleinigkeit für meine Kameraden mitnehmen, damit sie auch etwas davon haben.“

„Von deinem was?“ Zacher hob den Blick und starrte Reitinger an. „Hornochse!“ brüllte Scholz schon wieder, „geheiratet hat der Herbert. Mensch, da wird ja der Hund in der Pfanne verrückt. Vor uns steht ein frischgebackener Ehemann.“ Voller Freude über die Reaktionen seiner Kameraden mußte Reitinger jetzt erst einmal deren Glückwünsche über sich ergehen lassen, die wiederum mit festem Schulterklopfen einhergingen. Dann forderte Scholz ihn auf zu erzählen, und vor allem, mit ihnen einen Schluck auf die Braut zu nehmen.

„Eigentlich wollte ich damit warten, bis auch die anderen hier sind“, gab Reitinger zurück. „Dann brauch´ ich nicht alles doppelt an den Mann zu bringen.“ Zacher und Scholz sahen sich bedeutungsvoll an, dann schüttelte Scholz den Kopf.

„Von den anderen in der Gruppe sind nur noch wir beide, Sörgel und Schellenberg übrig. Klamm und Seliger sind tot. Der Rest ist verwundet oder hat sich schwere Erfrierungen eingefangen. Im ganzen Zug sind wir außer dem Leutnant noch zwölf Mann. Unsere Gruppe ist schon vor einiger Zeit mit der Zwoten zusammengelegt worden. Der Gruppenführer bin ich, nachdem es auch den Gruppenführer der Zwoten vor drei Tagen erwischt hat. Außer uns besteht der

Zug noch aus einer weiteren Gruppe, die Unteroffizier Prost führt. Tja, mein lieber Herbert", kommentierte Scholz das betroffene Gesicht seines Kameraden, „das sind die Neuigkeiten, die uns betreffen. Wenn das so weitergeht, dann können wir ruhig zusammenpacken und nach Hause gehen. Nur unsere Ausrüstung müssen wir beim Iwan lassen, weil wir niemanden mehr zum Tragen haben."

Eine kurze Pause entstand, in der jeder seinen eigenen Gedanken nachhing. Auf einen derart zusammengeschmolzenen Haufen zu treffen, damit hatte Reitinger nicht gerechnet. Sicher hatte er auf dem Weg zurück zur Front in einigen Unterhaltungen, die er aufgeschnappt hatte, oder auch in diversen Gesprächen mit anderen, die zurück zu ihren Einheiten fuhren, davon gehört, daß es an manchen Abschnitten der Front nicht so gut stand. Auch war inzwischen von einer russischen Winteroffensive die Rede. Aber daß es auch in ihrem Abschnitt nicht gerade zum besten stand, damit hatte er wirklich nicht gerechnet.

So wie Reitinger und seinen Kameraden erging es in diesen Tagen und Wochen an der Ostfront vielen anderen. Diejenigen, die nach teilweise wochenlanger Abwesenheit wieder in ihre Einheiten zurückkehrten, trafen oft auf vollkommen andere, der Not des Augenblicks gehorchende Zusammensetzungen. Manche trafen auch auf niemanden mehr, weil ihre Einheiten ganz einfach aufgehört hatten zu existieren oder auf andere aufgeteilt worden waren. Und dennoch, trotz der schlechten Lage, die in diesen Tagen und Wochen in vielen Abschnitten herrschte, der überwiegende Teil der Soldaten glaubte immer noch an den Sieg. Auch wenn da und dort kritische Stimmen laut wurden, so hatte die große Mehrheit noch immer ungebrochenes Vertrauen in die Führung. Auch wenn in diesem ersten Kriegswinter an der Ostfront viele tapfere Soldaten ihr Leben geben mußten und auch wenn der dadurch entstandene materielle Schaden ungeheuer hoch war, der deutsche Soldat vertraute noch immer seiner Stärke und dem ungebrochenen Willen zum Sieg. Selbst in den folgenden Jahren, in denen sich abzuzeichnen begann, daß dieser Krieg kaum gewonnen werden konnte, war es der einfache Landser, der sich

mit seinem Leben der roten Flut entgegenstemmte, um durch sein Opfer zumindest die Heimat vor der heranbrandenden Roten Armee zu schützen...